曹薰铉、李昌镐精讲围棋系列

打入与侵消

精讲围棋中盘技巧

曹薰铉围棋研究室 编著

化学工业出版社
·北京·

图书在版编目（CIP）数据

精讲围棋中盘技巧.打入与侵消/曹薰铉围棋研究室编著.—北京：化学工业出版社，2020.3（2024.11重印）
（曹薰铉、李昌镐精讲围棋系列）
ISBN 978-7-122-36188-2

Ⅰ.①精… Ⅱ.①曹… Ⅲ.①围棋-对局（棋类运动）Ⅳ.①G891.3

中国版本图书馆CIP数据核字（2020）第025208号

责任编辑：史 懿　　　　　　　　装帧设计：刘丽华
责任校对：张雨彤

出版发行：化学工业出版社（北京市东城区青年湖南街13号　邮政编码100011）
印　　装：涿州市般润文化传播有限公司
710mm×1000mm 1/16　印张13½　字数200千字　2024年11月北京第1版第2次印刷

购书咨询：010-64518888　　　　　　　售后服务：010-64518899
网　　址：http：//www.cip.com.cn
凡购买本书，如有缺损质量问题，本社销售中心负责调换。

定　价：59.80元　　　　　　　　　　　　　　　　版权所有　违者必究

中盘是布局结束后,双方开始短兵相接的战斗阶段。如果说布局是围棋的骨架,中盘则可称作围棋的血肉。

中盘战的情况如何,对整盘棋的胜败有着直接的、关键性的影响。虽然布局的好坏对胜负也有间接的影响,官子水平如何也影响到胜负,但其影响力均远不及中盘。就算布局非常完美,若在中盘战中,不幸大龙被屠,则肯定很难赢棋;或者说尽管收官水平高超,但在官子阶段要挽回中盘战中的大量损失,也是极其困难的。

业余棋手下棋的一个主要特征,就是很多棋局在中盘阶段就结束了战斗。尤其是初学者,很少有最后依靠点目才分出胜负的时候。而专业棋手正好相反,相对来说,中盘就结束战斗的情况较少。

人们不禁要问,出现这一现象的原因是什么?道理很简单,中盘战斗包括了打入、腾挪、攻击、防守等许多技巧,专业棋手久经沙场,不易被一下击垮,而业余棋手在这方面存在着明显的差距,正所谓"一着不慎,满盘皆输"。

《精讲围棋中盘技巧.打入与侵消》中,作者精选了韩国职业棋手或业余高手对局,将其中经常出现的中局棋形进行梳理,以问题的形式提出,并进行详细的解答,以此来讲解中盘的攻防技巧。深入学习《精讲围棋中盘技巧》相信能对广大读者提高棋力有所帮助。

2020 年 5 月

围棋是中国的国粹,它能启发智力,开拓思维,是一项非常有益的修身养性的娱乐活动。成人通过学习围棋,可以培养自己良好的心境和大局观;儿童通过学习围棋,可以培养耐心,提高注意力,锻炼独立思考能力,挖掘思维潜能。对课业学习也有十分明显的帮助。

那么如何学习围棋?如何学好围棋?什么样的围棋书才能更有针对性地提升棋艺水平?

韩国棋手曹薰铉、李昌镐不仅是韩国围棋的代表人物,在国际棋界也有举足轻重的地位。我们经与曹薰铉、李昌镐本人直接接洽,使得本系列书得以顺利出版。

《精讲围棋中盘技巧》以介绍实战中经常出现的基本棋形和提出并解答问题的形式,向大家讲解中盘战中的各种技巧。相信这套书对读者提高棋力会有很大帮助。本书中的问题,均是在完整棋盘上,截取局部打入的片段,未涉及打入部分的棋子在棋盘中被省略。

另外,本套书是"曹薰铉、李昌镐精讲围棋系列"的其中一套。本系列书共包括定式、布局、棋形、中盘、对局、官子、死活、手筋共8个主题,使用了韩国职业棋手的大量一手资料,其难度贯穿了围棋入门、提高、实战和入段等各个阶段,内容覆盖了实战围棋各个方面,是非常系统且透彻的围棋自学读物。

最后,对承担本书稿件整理、编辑出版工作的朋友们一并致以诚挚的谢意。

编著者
2020年3月

第 1 章　基本打入与侵消 38 型

基本图 1 1
基本图 2 5
基本图 3 9
基本图 4 13
基本图 5 17
基本图 6 21
基本图 7 25
基本图 8 29
基本图 9 33
基本图 10 36
基本图 11 40
基本图 12 44
基本图 13 48
基本图 14 52
基本图 15 56
基本图 16 60
基本图 17 64
基本图 18 68
基本图 19 72
基本图 20 76
基本图 21 80
基本图 22 83
基本图 23 87
基本图 24 91
基本图 25 95
基本图 26 99
基本图 27 103
基本图 28 107
基本图 29 111
基本图 30 115
基本图 31 119
基本图 32 123
基本图 33 127
基本图 34 131
基本图 35 135
基本图 36 139
基本图 37 143
基本图 38 147

第 2 章　实战打入与侵消 30 型

问题图 1 151
问题图 2 153

问题图 3 155	问题图 17 183
问题图 4 157	问题图 18 185
问题图 5 159	问题图 19 187
问题图 6 161	问题图 20 189
问题图 7 163	问题图 21 191
问题图 8 165	问题图 22 193
问题图 9 167	问题图 23 195
问题图 10 169	问题图 24 197
问题图 11 171	问题图 25 199
问题图 12 173	问题图 26 201
问题图 13 175	问题图 27 203
问题图 14 177	问题图 28 205
问题图 15 179	问题图 29 207
问题图 16 181	问题图 30 209

第1章
基本打入与侵消38型

基本图1

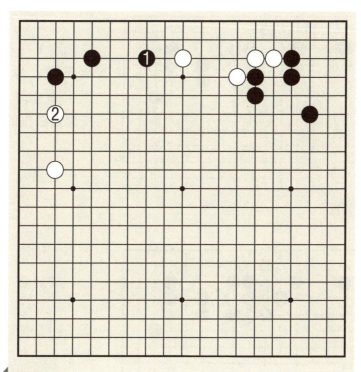

基本图1

黑先。黑1逼攻，白2拆二，黑棋欲通过攻击上边白棋的弱点来掌握全局的主动权。请问黑棋打入的急所在哪里？

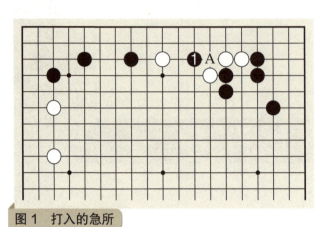

图 1　打入的急所

图1　打入的急所

黑1打入瞄着白棋A位的弱点。

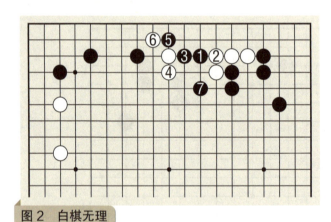

图 2　白棋无理

图2　白棋无理

黑1打入时，白2接无理，黑3顶是好棋，白4时，黑5、7是追击白棋的好次序。

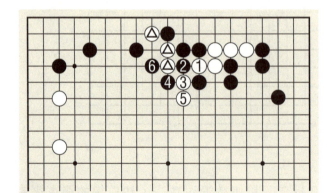

图 3　白死

图3　白死

其后白1、3如果冲断，黑4、6打吃，黑棋可以吃住白△三子。

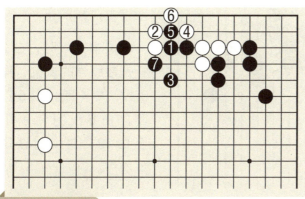

图4 白棋低位

图4 白棋低位

黑1时，白2如果下立，白棋虽可左右联络，但以下至黑7，白子位置过低。

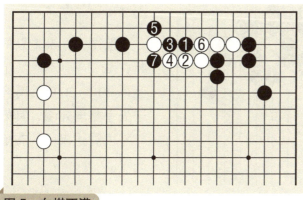

图5 白棋不满

图5 白棋不满

黑1时，白2若挡，至黑7，白棋不满。

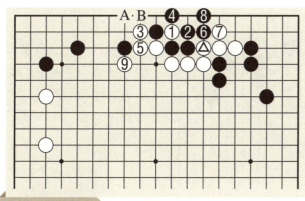

图6 白棋满意

图6 白棋满意

白△连接时，黑棋如果省去图5中的黑7，则白1打吃，以下至白9，黑棋不好。而且以后白棋下A位或B位都是先手，白棋满意。

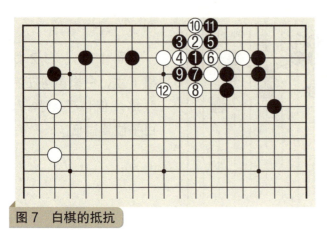

图7 白棋的抵抗

图7 白棋的抵抗

黑1打入时,白2托是最顽强的抵抗,黑3扳,白4断,黑5打吃,白6反打,以下至白12,白棋封锁是好次序。

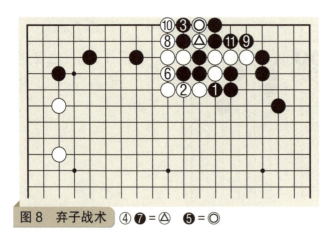

图8 弃子战术 ④⑦=△ ⑤=○

图8 弃子战术

续图7,黑1只好断,白2打吃,以下至黑11,白棋利用弃子先手整理外围,其好坏将由周边棋子的布置决定。

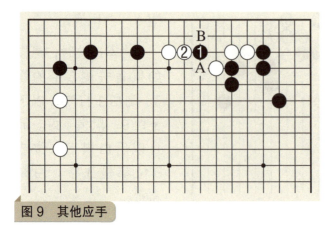

图9 其他应手

图9 其他应手

黑1时,白2顶的下法也有可能,以后黑A时,白B扳,结果与图8同。

基本图 2 ▶

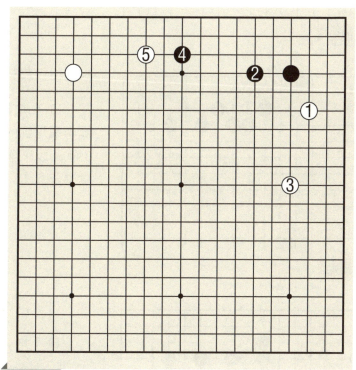

基本图 2　❻ 脱先

　　白先。右上角是基本定式。白 1 挂角，黑 4 拆，白 5 逼是针对黑棋弱点的好手。其后黑棋如果不在右上补，白棋可打入。请问打入的急所在哪里？

图1 打入的急所

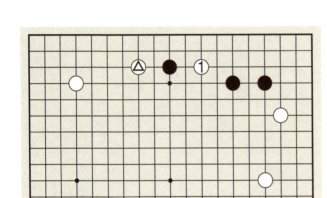

图1 打入的急所

白1以白△子为后援打入。

图2 白棋满足

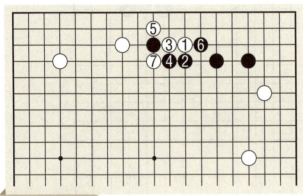

白1时,黑2是最容易想到的,其后白3顶,以下至白7,白棋满足。

图3 黑棋贪心

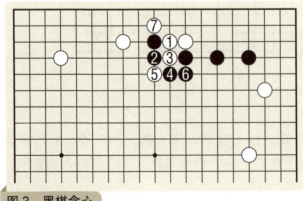

图3 黑棋贪心

白1时,黑2长无理,白3、5切断后,白7扳,黑棋不利。

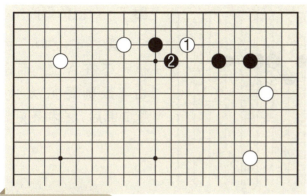

图4 最强的应手

图4　最强的应手

白1打入时，黑2尖是最强的应手。

图5 必然的进行

黑△时，白1长、3托是次序，黑4、6时，白7先手与黑8交换后，白9点是要领，以下进行至白13，白棋做活，而且还可瞄着黑棋A位和B位的弱点。

图5　必然的进行

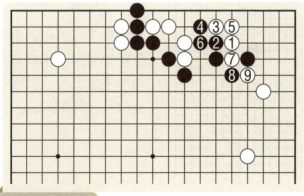

图6 白棋充分

白1时，黑2如果挡，白3、5扳接是次序，以下进行至白9，白棋可以占取很大的角地。

图6　白棋充分

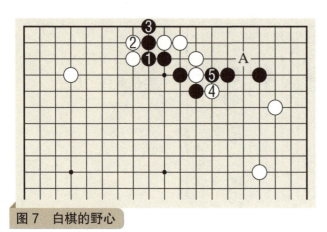

图7 白棋的野心

　　黑3下立时，白棋不下在A位，而是白4扳则野心太大，黑5断后，白棋不好。

图7　白棋的野心

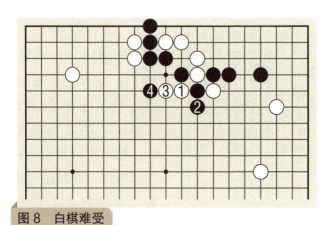

图8 白棋难受

　　续图7，其后白1打吃，然后白3长，但黑4靠住，白棋以后不好下。

图8　白棋难受

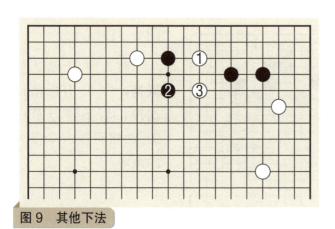

图9 其他下法

　　白1打入时，黑2单跳也可以考虑，白3则向中腹出头，以后中腹的战斗将是关键。

图9　其他下法

基本图 3

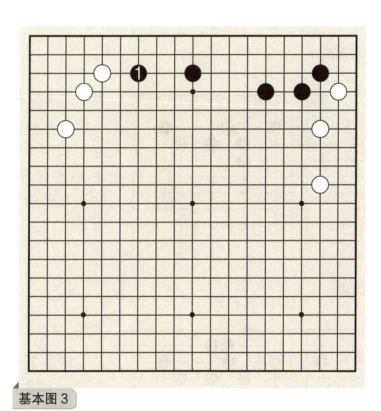

基本图 3

　　白先。黑1拆二是扩张上边的绝好点，请问此时白棋应怎样侵消黑棋？

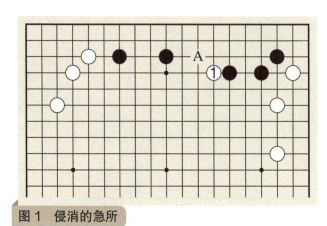

图 1　侵消的急所

白 1 靠是侵消的急所。在 A 位打入过深，以后会面临苦战。

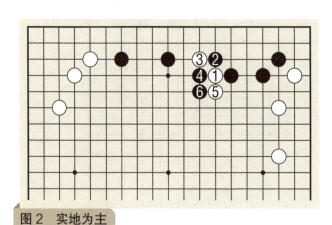

图 2　实地为主

白 1 时，黑 2 扳是以实地为主的下法。其后白 3 具有气势，以下至黑 6，均是定式化的进行。

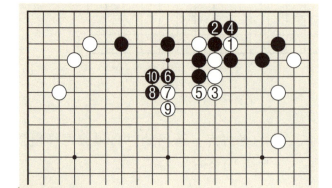

图 3　均势

续图 2，其后白 1 打吃、白 3 长是好次序，黑 4 以下至黑 10，双方下成外势与实地的对抗，双方均无不满。

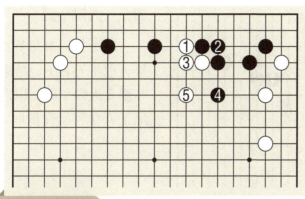

图4　白棋满足

白1扳时，黑2接明显缺少气魄，以下至白5，白棋满足。

图4　白棋满足

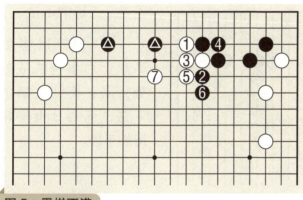

图5　黑棋不满

白1时，黑2打吃后黑4接更加不好，以下至白7，黑▲二子受攻。

图5　黑棋不满

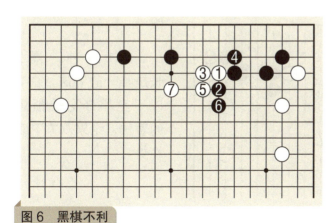

图6　黑棋不利

白1时，黑2上扳，其后黑4下立，以下至白7，黑棋仍不利。

图6　黑棋不利

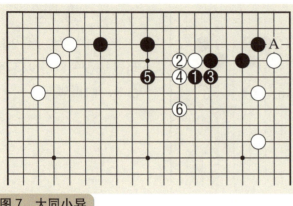

图7 大同小异

图7 大同小异

黑1扳，其后黑3接，以下至白6，结果与图6大同小异。以后黑下A位可确保根地。

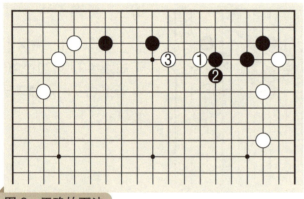

图8 正确的下法

图8 正确的下法

白1时，黑棋如不想让白棋构筑成外势，黑2长是正确的下法，而白3也是常用的手段。

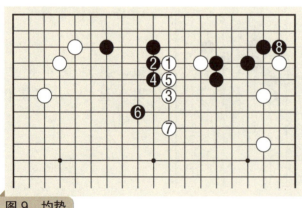

图9 均势

图9 均势

白1肩冲，黑2长是唯一的下法，白3以下至黑8均是预想的着法，结果双方下成均势。

基本图 4

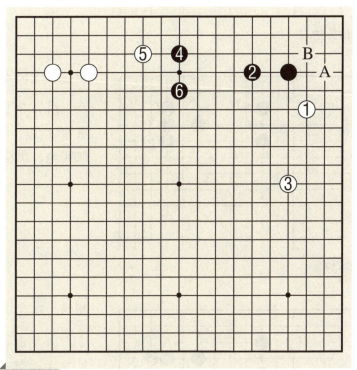

基本图 4

白先。白 1 挂,黑 2、4 时,白 5 逼是绝好点。其后黑 6 跳起,目的是事先防备白棋的打入。请问白棋进入黑阵的方法是什么?注意:白棋的着法如仅限于白 A 飞,黑 B 应后,上边黑棋将大大走强。

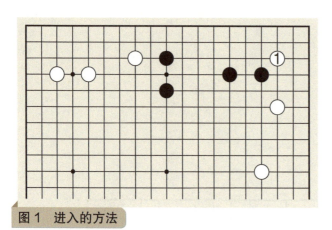

图1 进入的方法

白1三三进角。

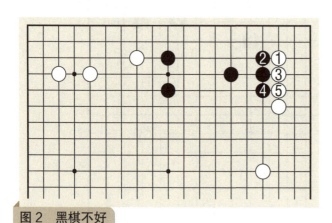

图2 黑棋不好

白1时,黑2挡重视上边,但白3、5取实地,黑棋不好。

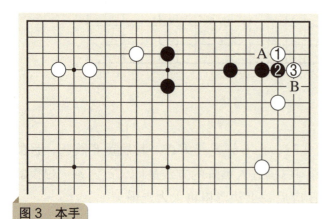

图3 本手

白1时,黑2挡是本手,其后白3扳,以后黑棋是在A位挡还是在B位扳是关键所在。

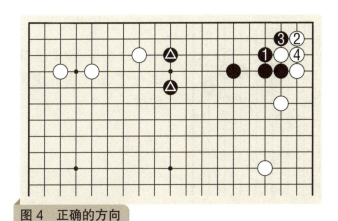

图4 正确的方向

图4　正确的方向

黑棋考虑到黑△子的存在，黑1挡是正确的方向。白2虎是形，以下黑3、白4，双方告一段落。

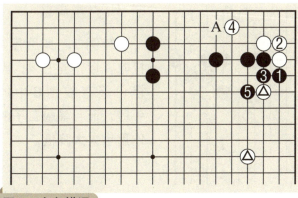

图5 方向错误

图5　方向错误

黑1以下至黑5，黑棋虽削弱了白△子的作用，但方向存在错误，使其上边被破坏。黑5以后，黑棋期待着于A位靠。

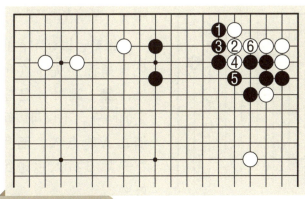

图6 黑棋的用意

图6　黑棋的用意

黑1靠，以下至白6，黑棋可以先手封住白棋。

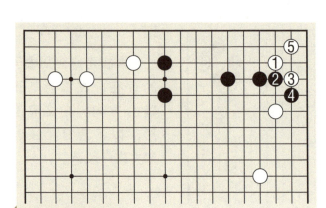

图7 白棋的对策

图7 白棋的对策

白1至黑4是定式化下法,白5虎是好棋。

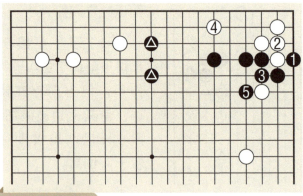

图8 白棋满足

图8 白棋满足

续图7,其后黑1打吃,以下至白4,黑棋已不存在图6中的手段,而且黑⚫二子的作用也大大降低。

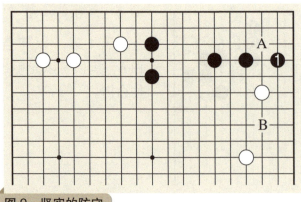

图9 坚实的防守

图9 坚实的防守

本型白棋如不在此处点角而脱先下在他处,黑1跳补,是坚实的防守,不仅可以解消白A的点入,而且将来黑B打入也是绝好点。

基本图 5 ▶▶

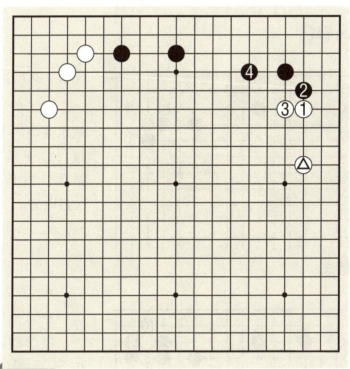

基本图 5

　　白先。白 1 挂时，黑 2 尖顶是充分考虑到白 1 与白△的间隔而采用的。正常情况下，黑 2 尖顶有使对方走强的嫌疑，因而成为恶手的可能性很大。但由于目前白 1 与白△之间的间隔较窄，因而黑 2 可行。现在我们分析黑 4 单跳以后白棋打入的手段。

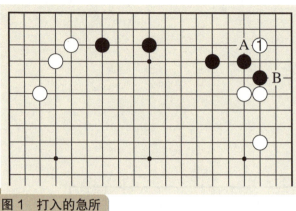

图1 打入的急所

白1点三三是打入的急所，黑棋预想的应手应是A位或B位。

图1 打入的急所

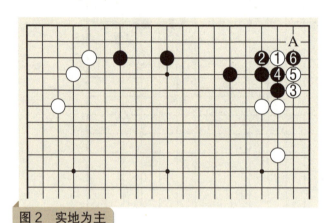

图2 实地为主

白1时，黑2挡是求实地的下法，白3扳，以下至黑6均很常用，以后白可于A位打收官。

图2 实地为主

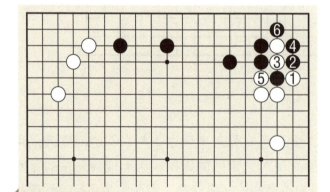

图3 其他下法

白1时，黑2扳也有可能，白3时，黑4打吃守住角地，以下至黑6告一段落。

图3 其他下法

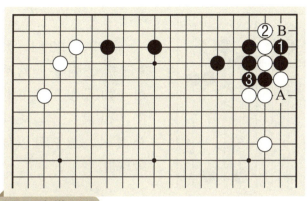

图4 白棋无理

图4 白棋无理

黑1打吃时，白2长无理，黑3接以后，黑棋A位、B位必居其一。

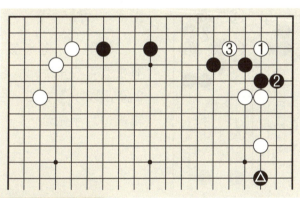

图5 攻击性下法

图5 攻击性下法

白1打入时，如有黑▲子存在，黑2下立是攻击性的下法。其后白3也是常用的手法。

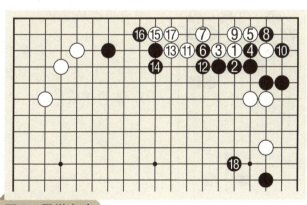

图6 黑棋主动

图6 黑棋主动

白1点，黑2接，白3长，以下至白17是基本次序，黑18飞攻，黑棋掌握主动。

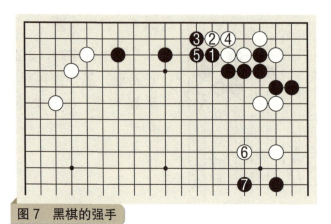

图 7 黑棋的强手

黑1、白2时，黑3连扳是强手，其后白4如果接，黑5也接，黑棋充分。白6补棋时，黑7可以继续攻击。

图 7 黑棋的强手

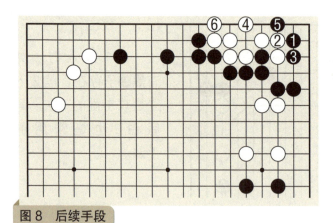

图 8 后续手段

续图7，将来黑1有机会可在角上点，白2接，以下至白6，白棋被迫后手做活。

图 8 后续手段

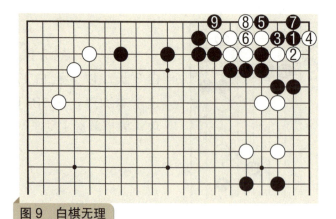

图 9 白棋无理

黑1时，白2挡无理，以下进行至黑9，双方下成打劫。

图 9 白棋无理

基本图6 ▶▶

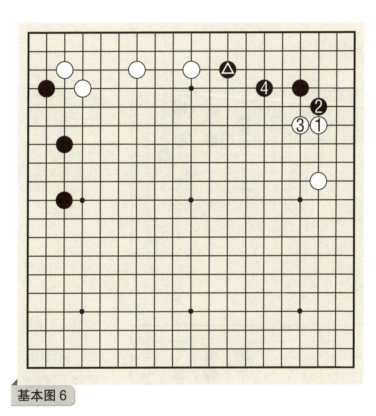

基本图6

白先。白1挂时，黑2尖顶，以下白3、黑4，与之前我们所述的棋形相似。由于黑▲飞的间隔很小，白棋的打入手段值得研究。请问白棋打入的急所在哪里？

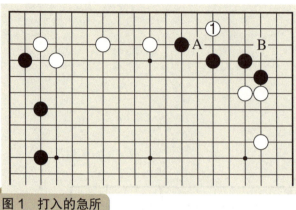

图1 打入的急所

白1是打入的急所，其后白棋A位或B位必居其一。

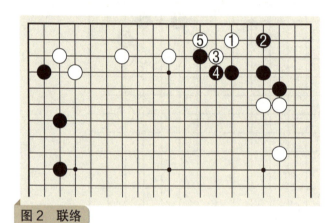

图2 联络

白1时，黑2单跳守角，白3尖顶后，白5可以联络。

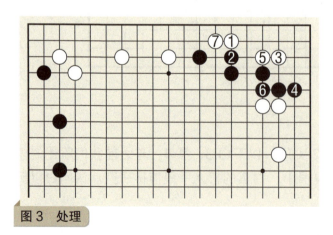

图3 处理

白1时，黑2如果顶，白3点角是处理的方法，黑4下立阻止白棋联络，白5先手利用后，白7长，白棋成功。

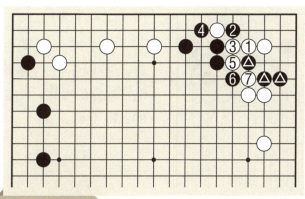

图 4　白棋满足

白 1 时，黑 2 扳无理，白 3 断，以下至白 7，白棋吃住黑△三子，白棋非常满足。

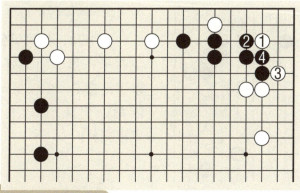

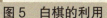

图 5　白棋的利用

白 1 时，黑 2 是取实地的下法，以下白 3、黑 4，白棋可以先手利用。

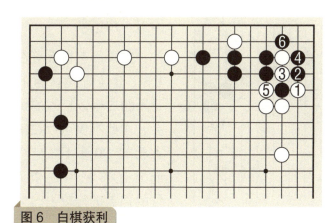

图 6　白棋获利

白 1 时，黑 2 扳虽可考虑，但以下至黑 6，白棋先手获利。

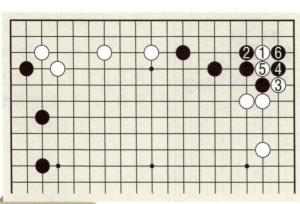

图7 效率不高

图7 效率不高

白1打入虽可考虑，但以下进行至黑6，与图6相比，白棋的效率不高。

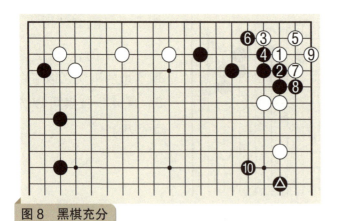

图8 黑棋充分

图8 黑棋充分

白1时，如果黑▲位有子，黑2团很好，以下至白9，白棋虽可活角，但黑10攻击，黑棋充分。

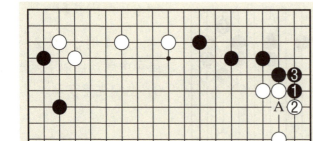

图9 角的防守

图9 角的防守

如果黑有机会可在1位、3位守角，目的是不给白棋以打入的机会，由此不仅可以在角上形成20多目的空，而且还可利用白棋A位的弱点进行攻击。

基本图 7 ▶

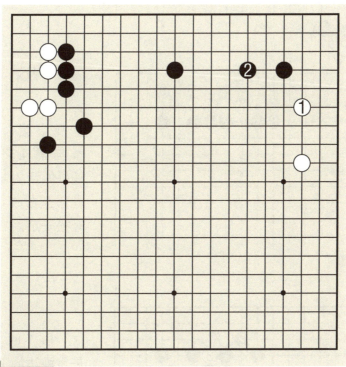

基本图 7

　　白先。白 1 挂角，黑 2 单跳，黑棋由此可以与左上的外势连成一片。但不管目前黑棋势力如何强大，白棋都有打入的机会。请问白棋如何打入上边的黑阵？

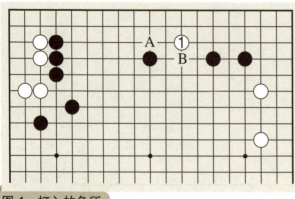

图1 打入的急所

白1是打入的急所，黑棋预想的应手是A位或B位。

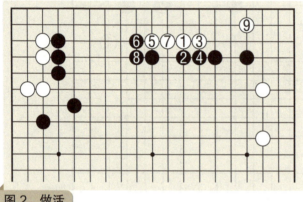

图2 做活

白1时，黑2压重视中腹，其后白3长与黑4交换，白5托是做活的要领，以下进行至白9，白棋可以轻松安定。

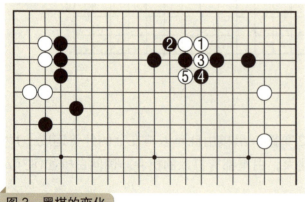

图3 黑棋的变化

白1时，黑2虎是重视边的下法，其后白3冲、白5打吃均是必然的进行。

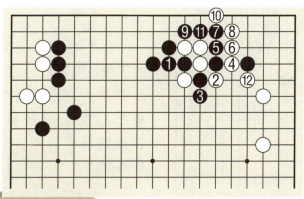

图 4　白棋满足

图 4　白棋满足

续图3，黑1接以下至白12均是必然的进行，双方形成了转换。由于角地实空太大，结果白棋有利。

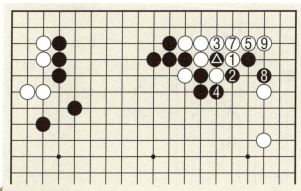

图 5　变化　❻ = △

图 5　变化

白1时，黑2打吃是手筋，但以下进行至白9，白棋在角地仍获取很大的实空。

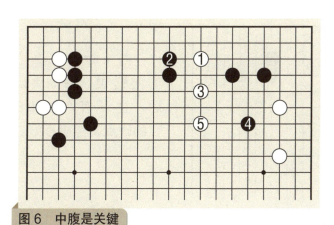

图 6　中腹是关键

图 6　中腹是关键

白1时，黑2立，其后白3、5连跳，中腹将是双方争夺的关键。

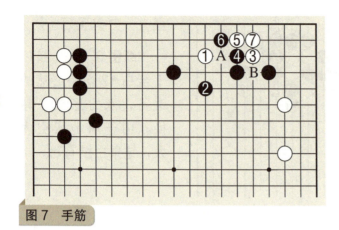

图7 手筋

图7 手筋

白1时，黑2封的下法也可考虑。白3是手筋，其后黑4如果挡，白5、7扳接，白棋瞄着A位和B位的断点。

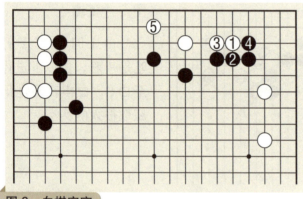

图8 白棋安定

图8 白棋安定

白1时，黑2可以接，其后白3联络，白5飞，白棋可以轻松安定。

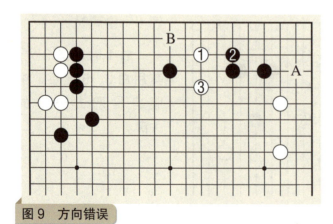

图9 方向错误

图9 方向错误

白1时，黑2立方向错误，白3跳出后，由于有A位和B位的缺点，黑棋不好。

基本图 8

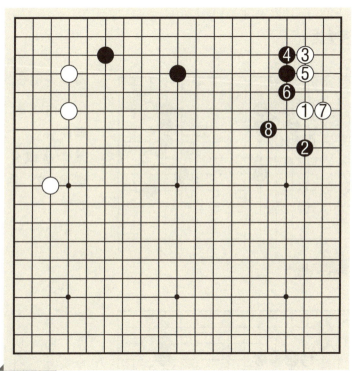

基本图 8

白先。白 1 挂时，黑 2 夹攻，白 3 点角，以下至黑 8，黑棋取外势，白棋得角地。请问现在白棋应如何打入？

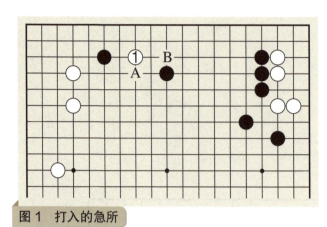

图1 打入的急所

图1 打入的急所

白1打入是急所,其后黑棋可以预想的应手是A位或B位。

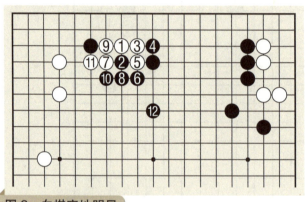

图2 白棋实地明显

图2 白棋实地明显

白1时,黑2如果压住,白3是急所,黑4挡取外势,以下至黑12,白棋的实地明显。

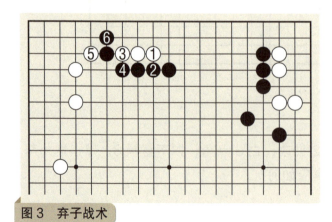

图3 弃子战术

图3 弃子战术

白1时,黑2接是本手,其后白3顶,黑4挡,白5试图联络,黑6下立非常重要,其意图是使用弃子战术。

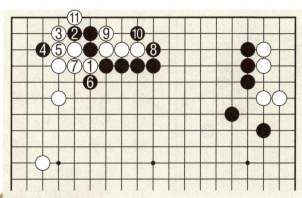

图4 黑棋厚势

续图3，其后白1只好断，以下至白11，黑棋厚势。

图4 黑棋厚势

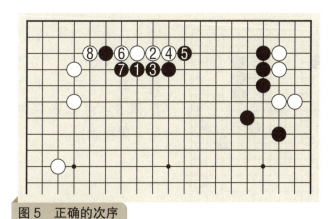

图5 正确的次序

黑1、3后，白4与黑5交换，白6、8联络是正确的次序。

图5 正确的次序

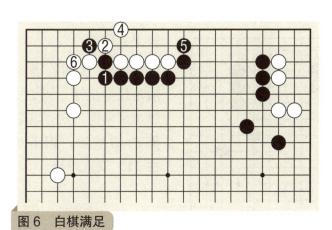

图6 白棋满足

续图5，其后黑1接，白2时，黑3断，白4虎，此时黑5下立是缓手，白6守角，白棋满足。

图6 白棋满足

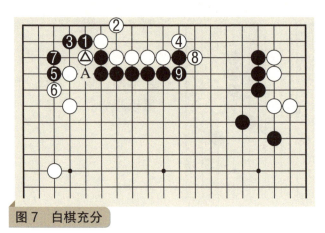

图7 白棋充分

图7 白棋充分

黑1、白2时,有黑3长的变化,其后白4扳,以下至黑9均是必然的次序,白棋破了上边黑空,白棋充分。黑A随时可打吃白△一子,角上黑棋已活。

图8 黑棋满足

图8 黑棋满足

黑1断时,白2打吃黑一子不好,以下至黑5,白△四子被吃,黑棋满足。

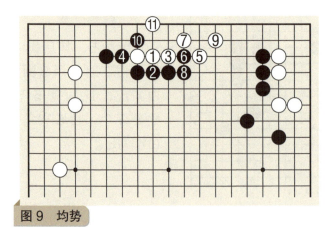

图9 均势

图9 均势

白1、3时,黑4顶是最佳应手,而白5跳也是常用下法,其后黑6、8挖接,以下至白11,双方均势。

基本图9 ▶▶

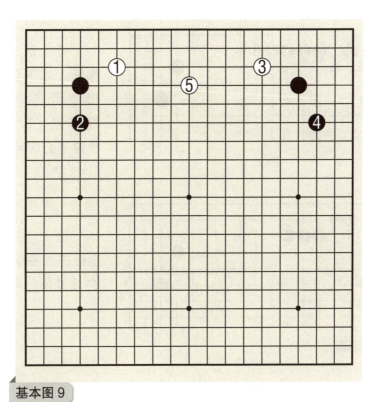

基本图9

黑先。白1、3挂角,让黑棋分别守角后,白5补是有效地占据上边的下法。这种棋形在让子棋中经常出现。请问黑棋应如何打入上边白阵?

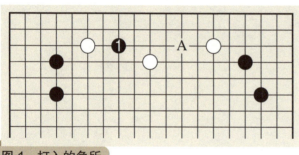

图1 打入的急所

图1 打入的急所

黑1或A位打入是急所。

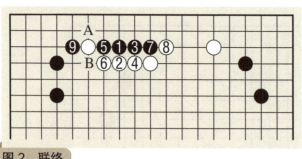

图2 联络

图2 联络

黑1时，白2如果压，以下至白8，黑棋争得先手后，黑9是要领，以后A位和B位黑必居其一。

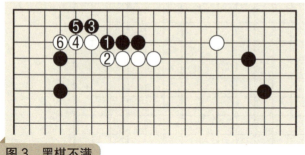

图3 黑棋不满

图3 黑棋不满

黑1、白2时，黑3扳是大恶手，以下至白6进角，黑棋不满。

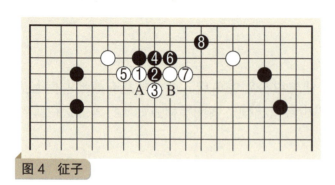

图4 征子

图4 征子

白1压时，黑棋如果征子有利，黑2挖是好棋。其后白3打吃，白5长，以下至黑8，白棋由于还有A位和B位的弱点，结果黑好。

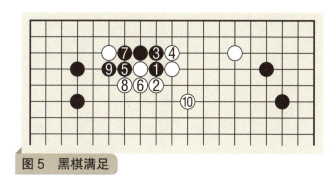

图 5　黑棋满足

图 5　黑棋满足

黑1挖时，白2打吃、白4挡是重视边的下法，以下至白10均是定式化进行，黑棋实地明显。

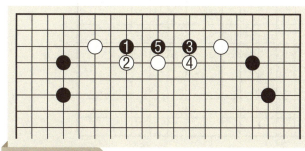

图 6　白棋不利

图 6　白棋不利

黑1时，白棋在征子不利的情况下，白2打吃是恶手，以下至黑7，白棋不利。以后黑棋还有在A位扳做劫的余味。白4如在6位打，则黑可于4位断打，随后可征吃白△子。

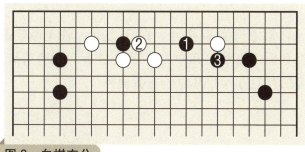

图 7　黑棋形薄

图 7　黑棋形薄

黑1、白2时，黑3再打入在一定条件下也可以考虑。白4如果压，黑5可以托过，不过黑棋形比较薄。

图 8　白棋充分

黑1时，白2可以虎，黑3压，白棋形很厚，白棋充分。

图 8　白棋充分

基本图 10

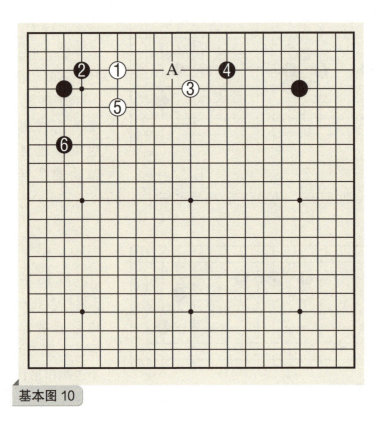

基本图 10

白先。白1是温和挂法，黑2守角取实地，白3飞拆，黑4逼攻是绝好点，白5单跳防守，黑6拆二当然。其中白3下A位拆二也有可能。请问黑6之后，白棋应如何在右上打入，其急所在哪里？

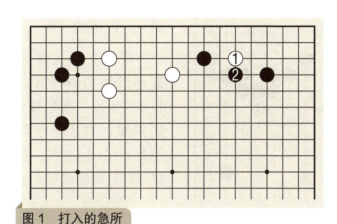

图1 打入的急所

图1 打入的急所

白1在右上打入是急所,黑2是唯一的应手。

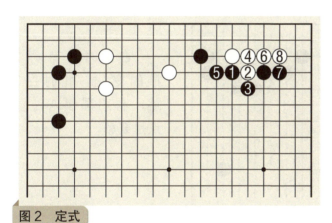

图2 定式

图2 定式

黑1压,白棋在征子有利的前提下,白2挖是要领,以下至白8是定式化的进行,白棋可以安定。

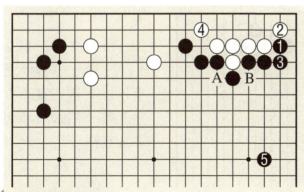

图3 黑棋的弱点

图3 黑棋的弱点

续图2,黑1、3先手扳接,白4时,黑5展开,以后A位和B位是黑棋的弱点。

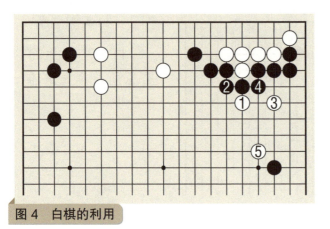

图4 白棋的利用

图4 白棋的利用

图3中所说黑棋的弱点是指白棋有白1夹的手段，其后黑2如果接，白3先手利用后，白5肩冲，白棋可以轻松破黑空。

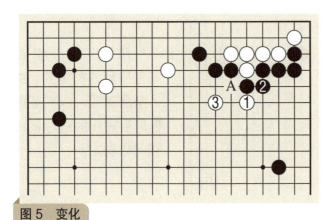

图5 变化

图5 变化

白1时，有黑2接的变化，此时白3跳，利用黑棋A位弱点是要领。

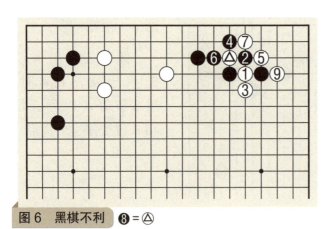

图6 黑棋不利 ❽=△

图6 黑棋不利

白1挖时，黑2、4打吃白一子是大恶手，以下进行至白9，角上黑一子被吃，黑棋非常不利。

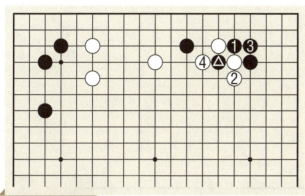

图7 黑棋不满

图7 黑棋不满

黑1打吃，其后黑3接的变化虽可考虑，但白4征吃黑△一子，黑棋不满。

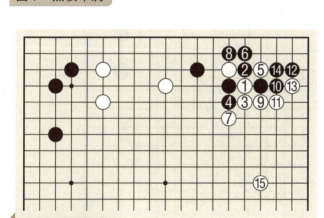

图8 白棋舒畅

图8 白棋舒畅

白1时，有黑2打吃、黑4贴的变化，此时白5打吃、白7扳是很好次序，其后黑8补棋，以下进行至白13，白棋争得先手后，白15展开，白棋舒畅。

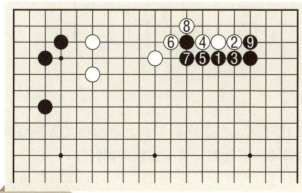

图9 黑厚

图9 黑厚

黑1时，白棋如果征子不利，白2长，以下进行至黑9，黑厚。

基本图 11 ▶▶

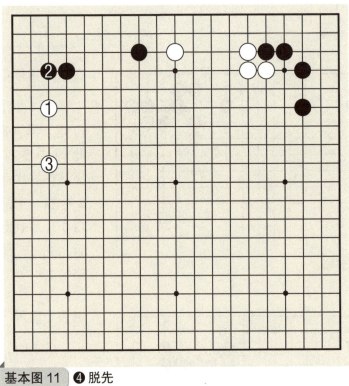

基本图 11　❹脱先

白先。白1时，黑2玉柱守角，白3则拆二。之后黑棋如要确保角地，还须在角上补一手。如果黑棋不补棋，请问白棋应如何打入？

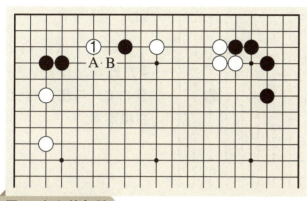

图1 打入的急所

白1打入是急所,以后黑棋可以预想的应手是A位或B位。

图1 打入的急所

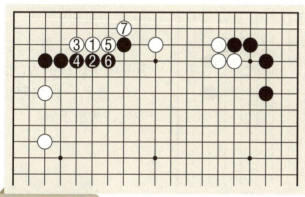

图2 白棋满足

白1时,黑2如果压,白3与黑4交换后,以下进行至白7,白棋打入成功。

图2 白棋满足

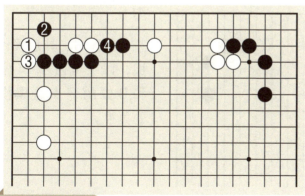

图3 白棋不满

白棋不选择图2的着法,而是白1点不好,黑2、4吃住白二子后,黑棋形很厚,白棋不满。

图3 白棋不满

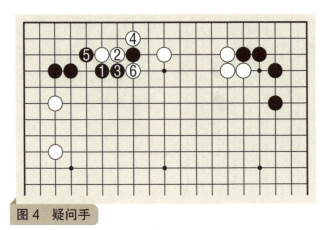

图4 疑问手

黑1压时，白2、4立即联络是疑问手。至白6，与图2相比，白棋不满。

图4 疑问手

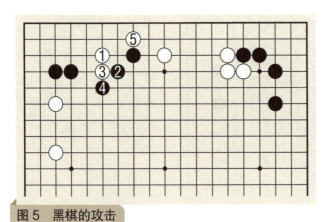

图5 黑棋的攻击

白1时，黑2尖，其意是不让白棋活，但白3、5后，白棋可以安定，黑棋不好。

图5 黑棋的攻击

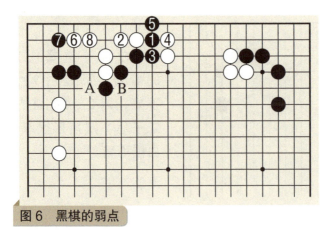

图6 黑棋的弱点

续图5，其后黑1扳，以下至白8，A位和B位的弱点是黑棋的负担。

图6 黑棋的弱点

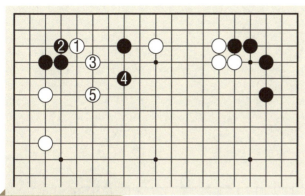

图7 其他打入方法

图7 其他打入方法

白1的打入也可考虑，黑2如果挡，白3尖后，白5向中腹出头，白棋充分。

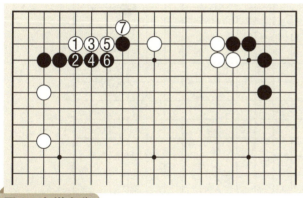

图8 白棋充分

图8 白棋充分

白1时，黑2压，以下进行至白7，又还原成图2，白棋可轻松联络。

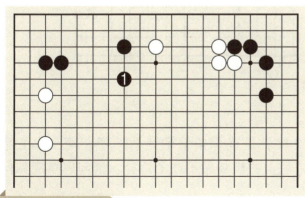

图9 黑棋的防守

图9 黑棋的防守

黑棋在白棋打入之前，首先黑1跳进行防守是正确的。

基本图 12

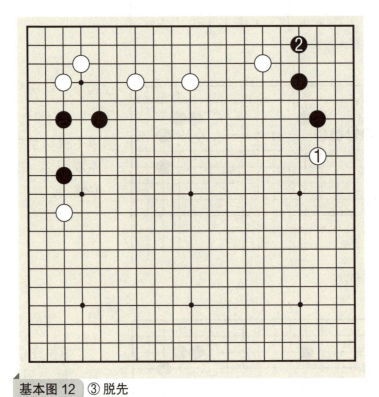

基本图12　③脱先

　　黑先。白1逼时，黑2跳补是确保角地的绝对一手，而且黑2后还可伺机打入上边。黑2以后，白棋如果不在上边补，请问黑棋应如何打入？

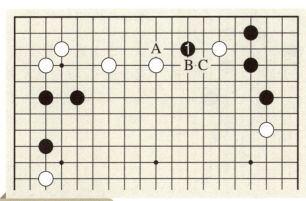

图 1 打入的急所

黑 1 是打入的急所，其后白棋可以预想的应手是 A、B、C 三点。

图 2 黑棋满足

黑 1 时，白 2 立取左上实地，其后黑 3 尖，攻击白△一子，黑棋满足。

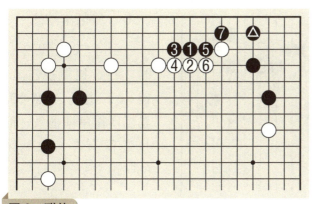

图 3 联络

黑 1 时，白 2 如果封锁，黑 3 与白 4 交换后，黑 5、7 与黑△子联络。

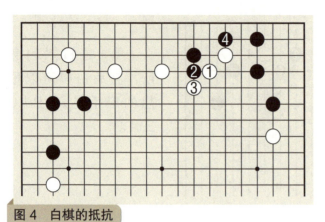

图4 白棋的抵抗

白1尖顽强抵抗，黑2先手与白3交换后，黑4托，白棋不行。

图4 白棋的抵抗

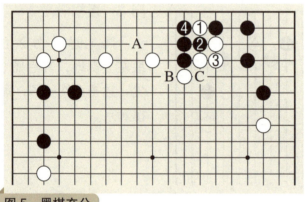

图5 黑棋充分

续图4，其后白1如果扳，黑2、4断吃很充分，以后黑A出头、黑B扳和黑C断都是黑棋的手段。

图5 黑棋充分

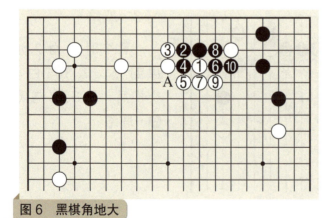

图6 黑棋角地大

白1压，黑2长时，白3挡重视左上，但以下进行至黑10，黑棋所得角地很大，而且还留有在A位利用的味道。

图6 黑棋角地大

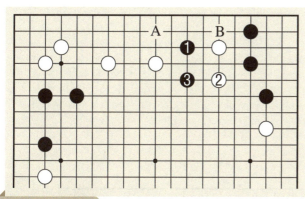

图7 白棋失算

图7 白棋失算

黑1时，白2跳，黑3跳出后，黑A飞或黑B托二者必得其一，白棋失算。

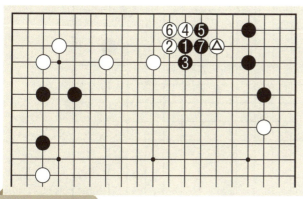

图8 白棋不满

黑1时，白2尖顶，其后白4、6扳接，但白△一子被吃，白棋不满。

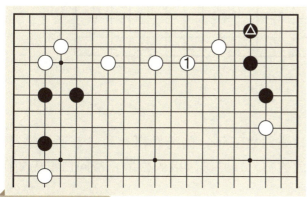

图9 白棋的防守

图9 白棋的防守

黑△跳补时，白棋为防备黑棋的打入，白1飞进行防守，是正确的选择。

基本图 13 ▶▶

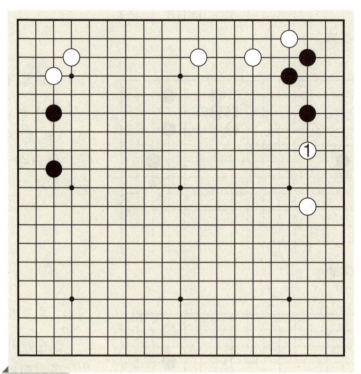

基本图 13

　　白先。白1逼，伺机攻击黑棋三子，因而黑棋补角是普通的进行。黑棋如果不补，白棋有严厉的打入，并破黑棋的根地，请问白棋应如何打入？

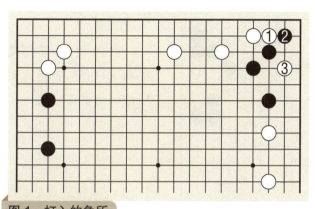

图1 打入的急所

白1冲,黑2挡时,白3是打入的急所。

图1 打入的急所

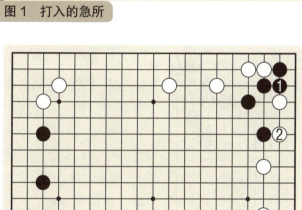

图2 联络

续图1,其后黑1如果接,白2托,白棋可以联络。

图2 联络

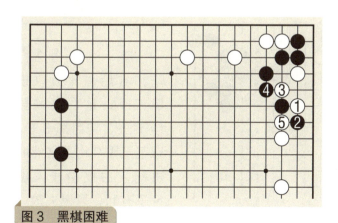

图3 黑棋困难

白1托时,黑2扳不能成立,白3虎后,白5断打,黑棋困难。

图3 黑棋困难

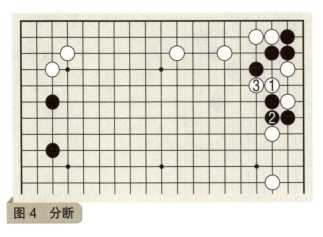

图4 分断

图4 分断

白1时,黑2如果接,白3冲出,黑棋被一分为二。

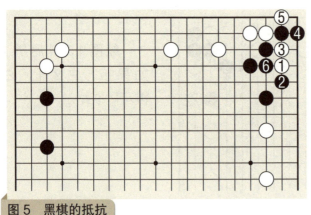

图5 黑棋的抵抗

图5 黑棋的抵抗

白1时,黑2尖进行抵抗,其后白3如果断,黑4下立是急所,以下白5、黑6,黑棋可以吃住白二子,黑形势不错。

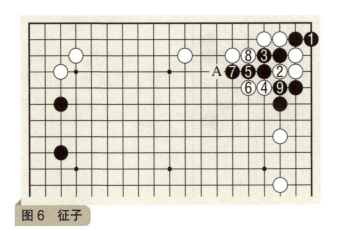

图6 征子

图6 征子

黑1时,白2打吃,其后白4扳攻击黑三子,是白棋的最佳下法。其后黑5长,以下至黑9均是必然的进行,白棋由于A位征子有利,黑棋失败。

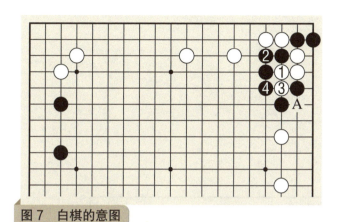

图7 白棋的意图

图7 白棋的意图

白1、黑2时,白3冲,希望黑A应,但黑4挡后,白棋大损。

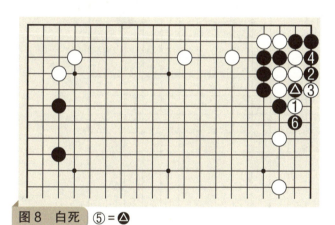

图8 白死 ⑤=△

图8 白死

续图7,白1打吃,黑2以下至黑6滚打,白棋被杀。

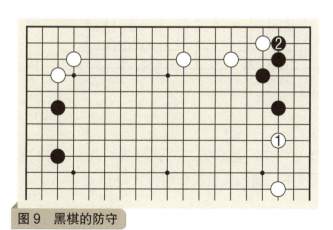

图9 黑棋的防守

图9 黑棋的防守

白1时,黑2挡是很厚的防守下法。

基本图 14

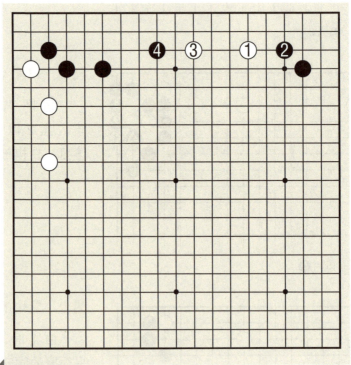

基本图 14 ⑤脱先

黑先。白1大飞挂，黑2守角，白3拆二，其后黑4拆逼，并伺机攻击白二子。此处白棋如果不下，请问黑棋应如何打入？

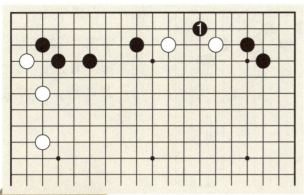

图1 打入的急所

图1 打入的急所

黑1点攻击白棋的弱点,是打入的急所。

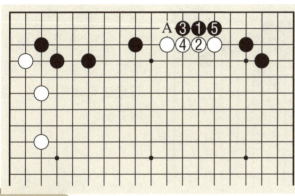

图2 搜根

黑1时,白2压,黑3、5长搜根以后伺机攻击白四子。其中黑5下在A位同样可以成立。

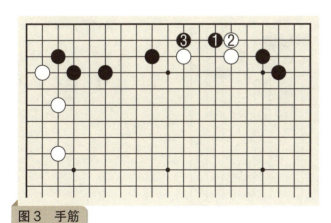

图3 手筋

图3 手筋

黑1时,白2如果挡,黑3托是手筋。

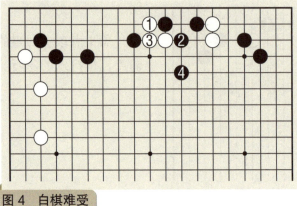

图4 白棋难受

续图3，其后白1如果扳，黑2虎，白3接，黑4跳，白棋被分断。

图4 白棋难受

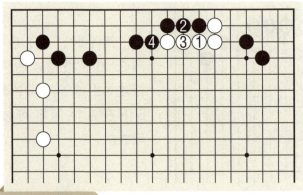

图5 黑棋充分

本图进行至黑4，黑棋不仅捞取了实地，而且还可攻击白棋，黑棋充分。

图5 黑棋充分

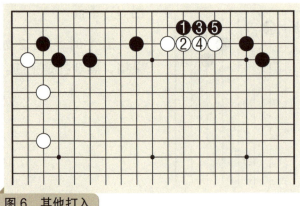

图6 其他打入

黑1打入也可以成立，白2压，以下至黑5，结果与图2相同。

图6 其他打入

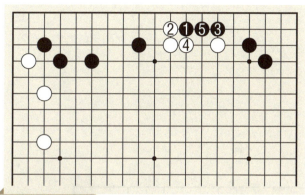

图7 黑棋联络

图7 黑棋联络

黑1时，白2如果挡，黑3托是手筋，以下至黑5，黑棋成功联络。

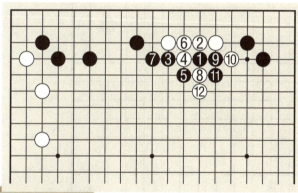

图8 黑棋不利

图8 黑棋不利

黑1肩冲，其后黑3压，意图取中腹，但这样攻击一般不好。以下进行至白12，黑棋不利。

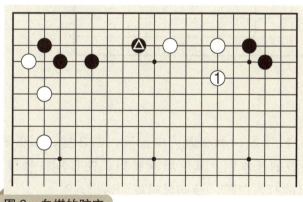

图9 白棋的防守

图9 白棋的防守

黑▲逼攻时，白1单跳进行防守正确，白棋可不再受攻。

基本图 15

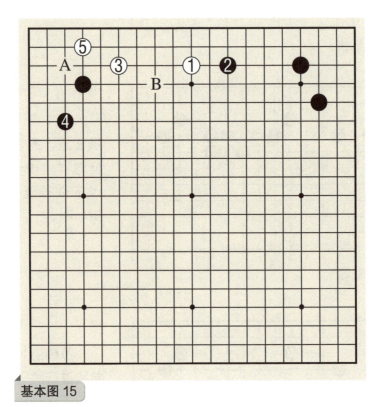

基本图 15

黑先。白1是常用的分投手段,黑2逼方向正确,白3挂,以下黑4、白5均是实战中经常出现的基本型。其后黑A补棋,白B同样补棋,是一般的进行。黑棋现在极欲打入白阵,请问黑棋应如何打入?

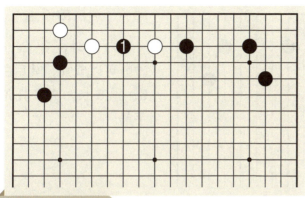

图 1　打入的急所

黑 1 是打入的急所。

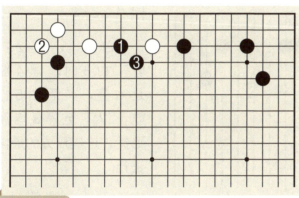

图 2　气势

黑 1 时，白 2 尖取实地，黑 3 尖攻击白一子，这是双方具有气势的进行。

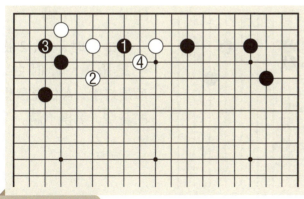

图 3　各得其所

黑 1 时，白 2 跳，其后黑 3 守角，白 4 尖攻击黑一子，后续变化如下。

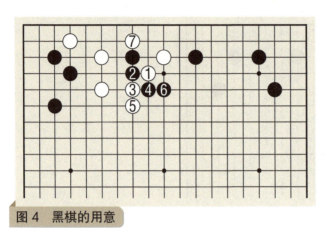

图4 黑棋的用意

图4 黑棋的用意

白1时，黑2、4冲断可以成立，其后白5、黑6长，白7托是手筋。

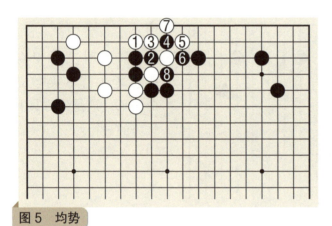

图5 均势

图5 均势

白1托，黑2打吃，白3时，黑4断是次序，其后白5打吃，以下至黑8均属必然，这是双方的最佳进行。

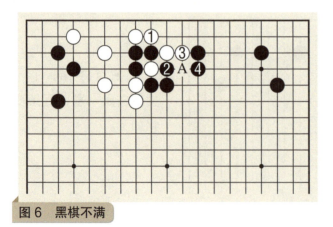

图6 黑棋不满

图6 黑棋不满

白1时，黑2提子是恶手，此时白3顶是好手，A位是黑棋的弱点，黑棋不满。

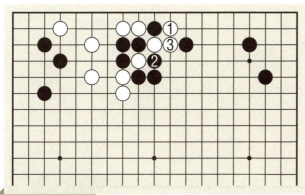

图7 白棋满足

白1打吃时,黑2提子仍然不好,白3接,结果仍是白好。

图7 白棋满足

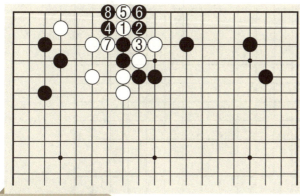

图8 黑棋的贪心

白1托时,黑2扳,白3时,黑4打吃过于贪心。白5下立是手筋,以下至黑8是必然的次序。

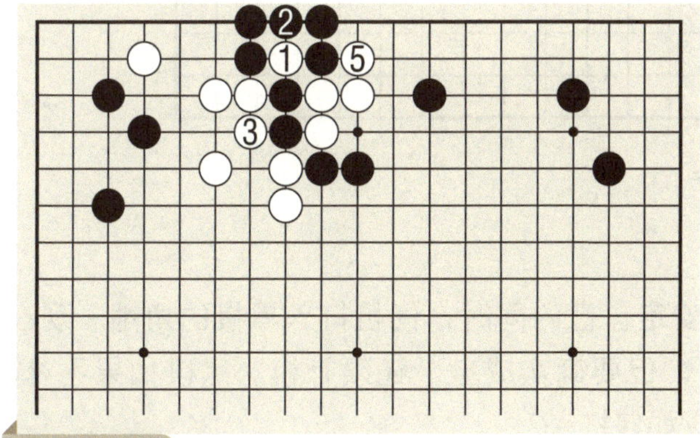

图8 黑棋的贪心

图9 黑死

续图8,白1扑,以下进行至白5,黑八子被吃。

图9 黑死 ❹=①

基本图 16 ▶

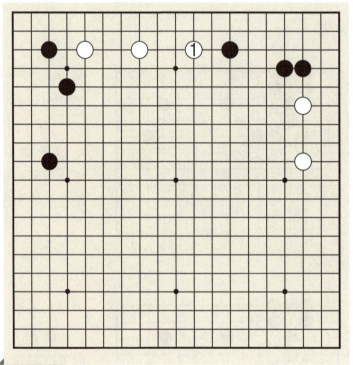

基本图 16　❷脱先

白先。白1拆二，在安定自己的同时，伺机打入黑棋的角地。现在黑棋的棋形虽然比较坚实，但要确实成空，还须补棋。黑棋如果不补，白棋可以打入，请问白棋应如何打入？

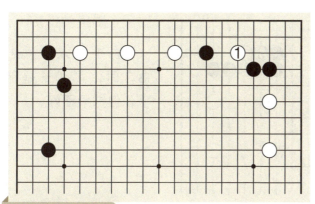

图1 打入的急所

图1 打入的急所

白1抓住黑棋的弱点,是打入的急所。

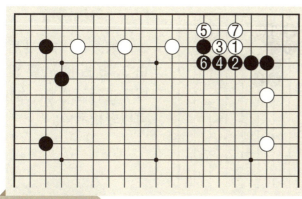

图2 白棋渡过

图2 白棋渡过

白1时,黑2是最简单的应法,其后白3顶,以下至白7,白棋轻松渡过。

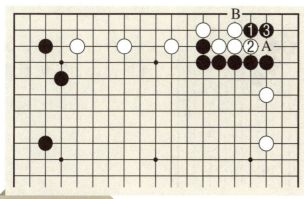

图3 黑棋的防守

图3 黑棋的防守

续图2,黑1守角很好,白2先手冲一下,黑3退,其后黑A或黑B都是先手。

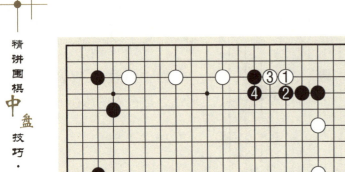

图4 黑棋的抵抗

图4 黑棋的抵抗

白1打入，黑2、白3时，黑4长是强手，但结果不好。

图5 白棋活角

图5 白棋活角

续图4，白1冲后，白3、5扳接是要领，以下进行至白9，白棋可以轻松活角。

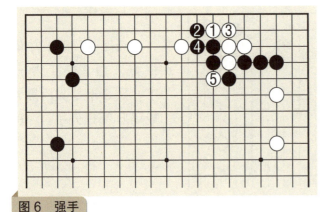

图6 强手

图6 强手

白1、3扳接，黑4接时，白5切断是强手。

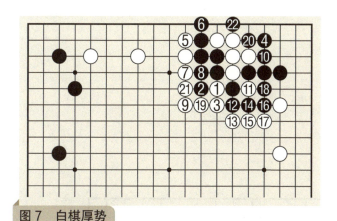

图7 白棋厚势

图7 白棋厚势

白1时,黑2打吃是大恶手,其后黑棋虽可吃住白五子,但至黑22,白棋可以先手筑成很厚的外势,黑棋不好。

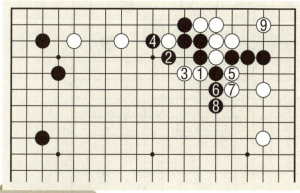

图8 白棋满足

图8 白棋满足

白1时,黑2如果扳,白3长是次序,其后黑4打吃,白5、7先手利用后,白9飞,白棋可以吃住角上的黑棋,白棋满足。

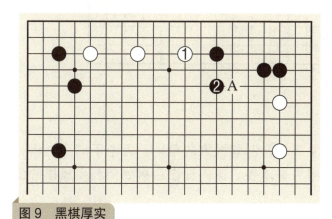

图9 黑棋厚实

图9 黑棋厚实

白1时,黑2或黑A飞守角是很厚的下法。

基本图 17 ▶▶

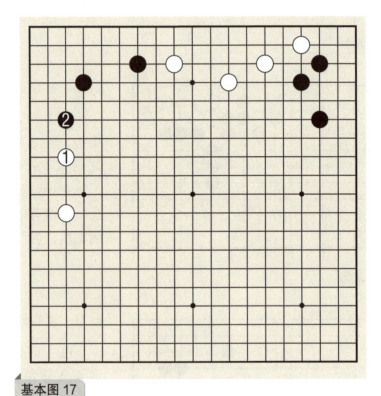

基本图 17

　　白先。白 1 拆二时，黑 2 飞，占取很大的角地。但由于周边白棋强大，黑 2 应更为坚实地补棋方是本手。请问现在白棋如何利用黑棋的弱点来打入黑角？

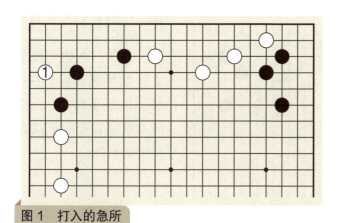

图1 打入的急所

图1 打入的急所

白1是打入的急所。

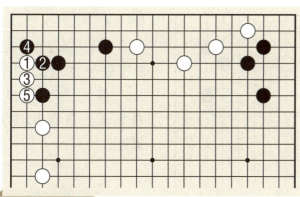

图2 白棋充分

图2 白棋充分

白1打入,黑2顶是正应,以下至白5,白棋可以轻松联络。

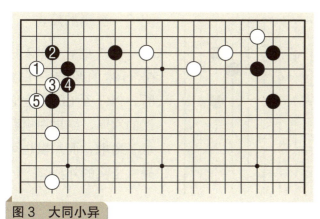

图3 大同小异

图3 大同小异

白1时,黑2也可考虑,以下白3、5,结果与图2大同小异。

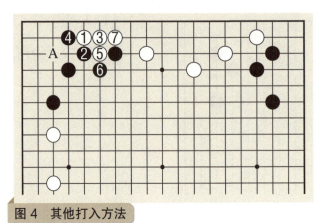

图4 其他打入方法

图4 其他打入方法

白1打入也可以成立，如果黑2应，白3长，以下至白7，白棋成功联络，而且还瞄着A位的利用。

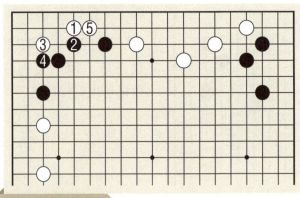

图5 有效的下法

图5 有效的下法

白1、黑2时，白3飞是更加有效的下法，其后黑4补棋，白5长，白棋比图4更好。

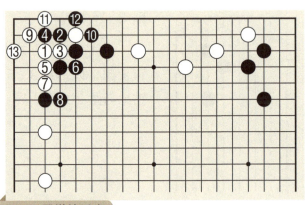

图6 黑棋的反击

图6 黑棋的反击

白1时，黑2扳是必然的反击，白3断，以下至白13是必然的次序，结果白棋获取了角地，而黑棋也可确立坚实的外势。

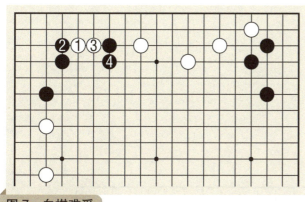

图7 白棋难受

图7 白棋难受

白1打入看似急所,但被黑2挡,其后白3顶,黑4长,白棋难受。

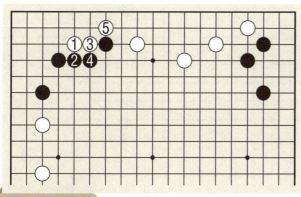

图8 白棋满足

白1时,黑2挡,白3、5后,白棋可以满足。

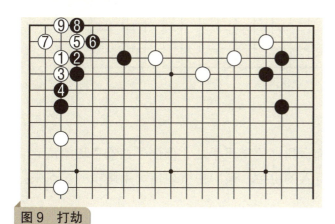

图9 打劫

图9 打劫

白棋如果劫材比较丰富,白1打入可以考虑,黑2挡,以下至白9均是必然的进行,结果下成打劫。

基本图 18 ▶▶

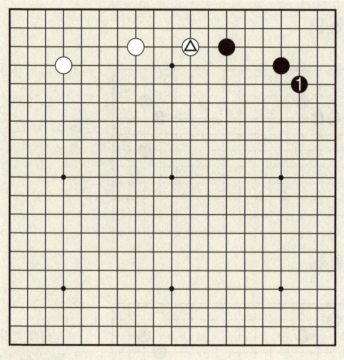

基本图 18

　　白先。黑1尖是黑棋确保角地的常用手法，但由于白△子和黑角之间比较接近，因而白棋仍有打入的机会。请问白棋如何利用黑棋的弱点来打入黑角？

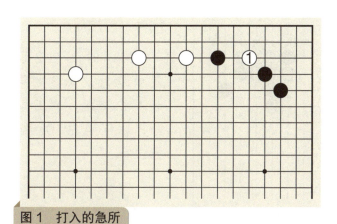

图1 打入的急所

图1 打入的急所

白1是打入的急所。

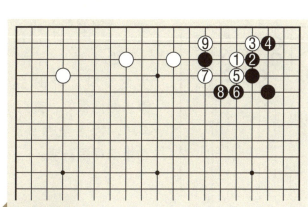

图2 联络

图2 联络

白1时，黑2是最强应手，其后白3与黑4交换，以下至白9，白棋虽成功联络，但仍不尽如人意。

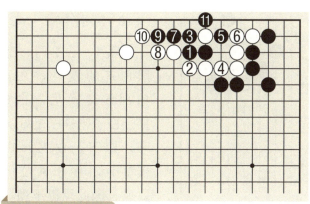

图3 黑棋的用意

图3 黑棋的用意

续图2，黑1顶可以成立，白2挡，以下进行至黑11，黑棋可以通过攻击白棋的薄弱环节做活。

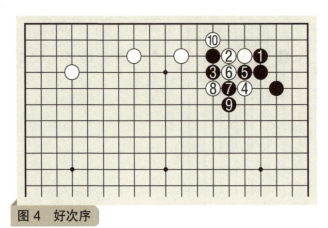

图4 好次序

黑1时，白2顶是好次序，黑3如果长，白4跳，黑5切断，以下至白10，结果白好。

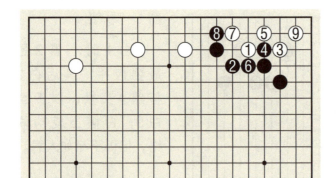

图5 黑棋的变化

白1时，有黑2尖的变化，此时白3谋求做活很好，其后黑4冲，以下至白9虎，白棋活得很舒服。

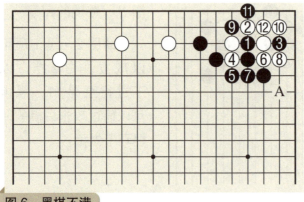

图6 黑棋不满

黑1、白2时，有黑3夹的变化，白4与黑5交换后，白6打、白子吃一子是好次序，以下至白12，白棋完活。由于A位仍露风，因此黑棋不满。

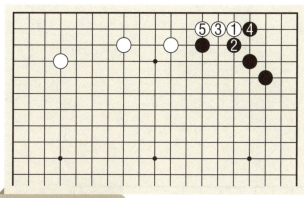

图7 其他打入方法

图7 其他打入方法

白1根据情况打入也可,黑2应,白3、5联络。

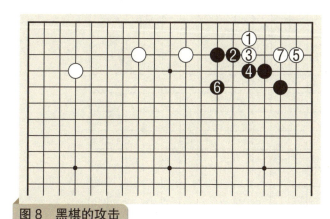

图8 黑棋的攻击

图8 黑棋的攻击

白1时,黑2并攻击白棋,白3与黑4交换后,白5可以成立。

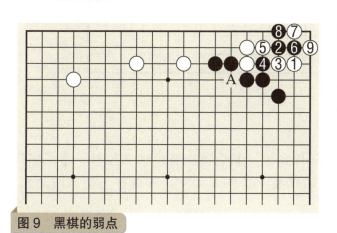

图9 黑棋的弱点

图9 黑棋的弱点

白1时,黑2立即展开攻击,以下至白9,双方下成打劫。A位的弱点仍是黑棋的负担,因此对黑棋来说不能算好。

基本图 19

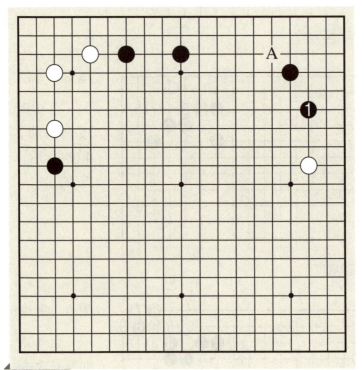

基本图 19

白先。黑1飞，意在守住角地，其后黑棋还须在A位补一手，棋形才较为理想。白棋不想让黑棋在上边形成大空，理应在上边有所动作，请问白棋应怎样下？

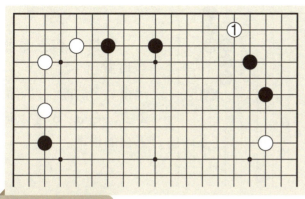

图1 侵消的急所

图1 侵消的急所

白1低空飞行，是侵消黑棋的急所。

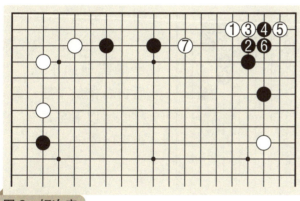

图2 好次序

白1时，黑2并，其后白3、5先手利用，白7展开，白棋已有完整的棋形。

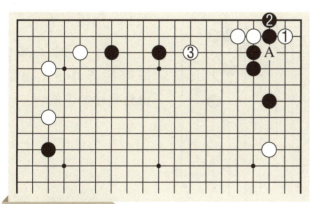

图3 黑棋的野心

图3 黑棋的野心

白1利用时，黑2下立阻渡，白3展开，白棋以后还可瞄着A位的弱点，黑棋不好。

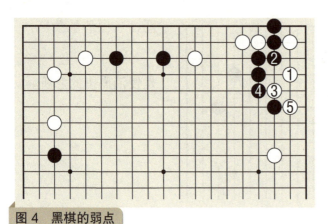

图 4 黑棋的弱点

黑棋的弱点是指白棋有白 1 跳的下法，黑棋为了防断，只好黑 2 接，白 3、5 可以破黑棋的根地。

图 4 黑棋的弱点

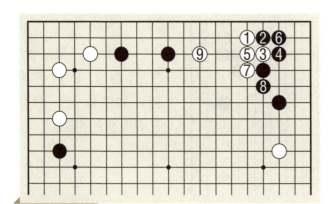

图 5 取实地

白 1 时，黑 2 靠是取实地的下法，其后白 3 挖是手筋，黑 4 打吃，以下至白 9，白棋可以安定。

图 5 取实地

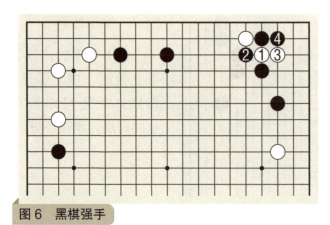

图 6 黑棋强手

白 1 挖时，黑 2 打吃后黑 4 长，是黑棋最强硬的下法。

图 6 黑棋强手

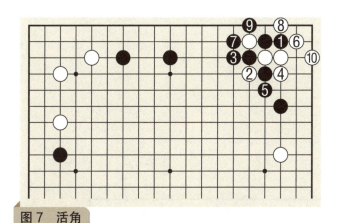

图7 活角

图7 活角

黑1时，白2、4先手利用后，白6挡以下至白10，白棋可活角，但黑棋的外势也非常强大。

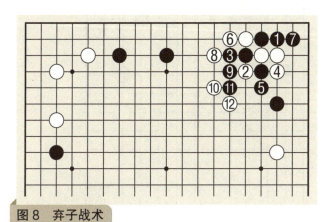

图8 弃子战术

图8 弃子战术

黑1时，白2、4先手利用后，白6长是更加普遍的下法，黑7长后，白棋角上三子虽然被吃，但白8打吃，以下至白12，白棋充分可下。

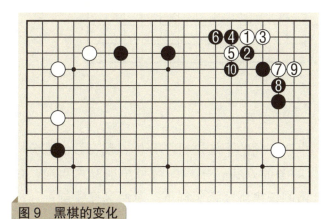

图9 黑棋的变化

图9 黑棋的变化

白1时，黑2尖顶，其意图是构筑外势。以下至黑10，白棋可以先手安定。

基本图 20

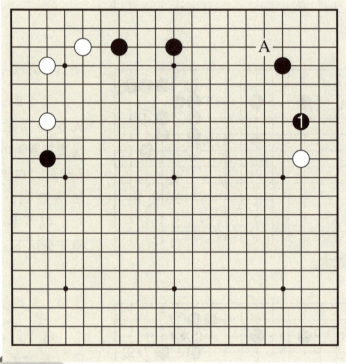

基本图 20

白先。前面我们对黑棋小飞守角的下法进行了分析,现在我们来分析一下黑棋大飞守角的情况。如图黑 A 尖,黑棋即可将角地变为实地,白棋对此当然不会漠然视之。请问白棋现在该怎样下?急所又在哪里?

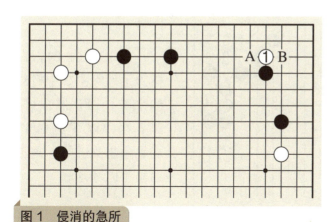

图1 侵消的急所

图1 侵消的急所

白1靠是侵消的急所，以后黑棋可以预想的应手是A位或B位。

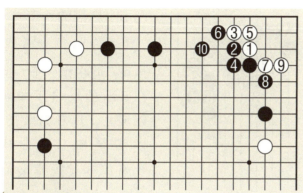

图2 取外势

图2 取外势

白1时，黑2外扳取外势，以下至白9，白棋可以活角，但黑10虎后，黑棋外势强大。

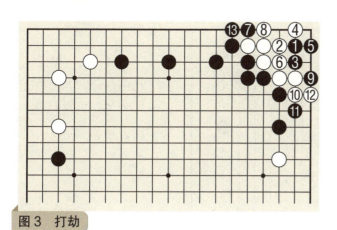

图3 打劫

图3 打劫

续图2，将来黑棋有机会在1位点，以下至黑13，双方下成打劫，但这个劫对白棋来说是缓气劫。

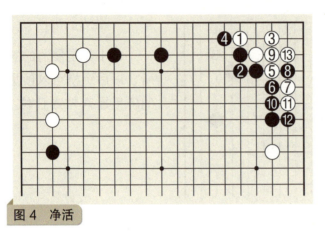

图4 净活

图4 净活

白1、黑2时，白棋为了消除图3中打劫的余味，白3虎很好，黑4挡，以下至白13均是预想的进行，角上白棋可以净活。

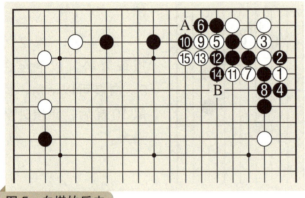

图5 白棋的反击

图5 白棋的反击

白1时，黑2、4虽可打吃白棋一子，但白5断的反击手段可以成立，黑6如果长，以下至白15，白棋在A位和B位中必居其一。

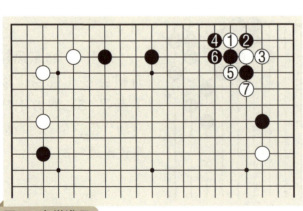

图6 白棋满足

图6 白棋满足

白1时，黑2、4打吃白一子是典型的俗手，白5、7吃住黑一子后，白棋满足。

图7 白棋的变化

白1靠，黑2扳时，白3长可以成立。其后黑4立虽很具力量，但白5、7做活没有困难。

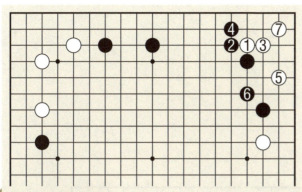

图7 白棋的变化

图8 取实地

白1时，黑2内扳，重在取实地。以下至白5，白棋也很充分。

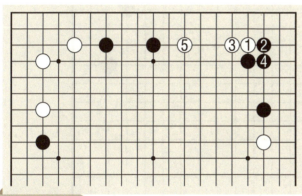

图8 取实地

图9 变化

黑1时，白2或白A先手利用后，白4拆也有可能，白棋同样可行。

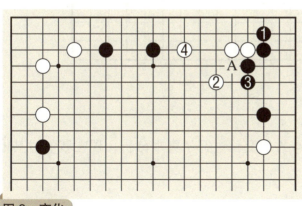

图9 变化

基本图 21

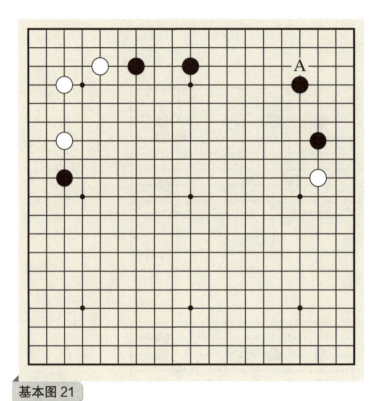

基本图 21

白先。前面我们对白 A 靠的变化进行了集中分析，现在我们对其他打入变化进行分析。

图1 打入的急所

白1打入是急所。

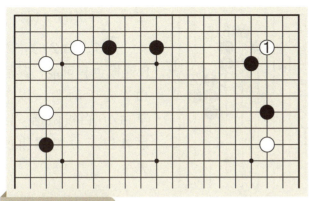

图1 打入的急所

图2 白棋满足

白1时，黑2挡方向错误，以下进行至白11均是基本定式，不过黑△的位置不好，白棋满足。

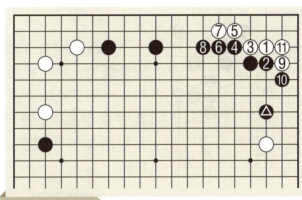

图2 白棋满足

图3 均势

白1时，黑2挡正确，白3长，以下至黑10均是基本定式，双方下成均势。

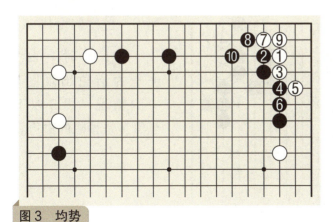

图3 均势

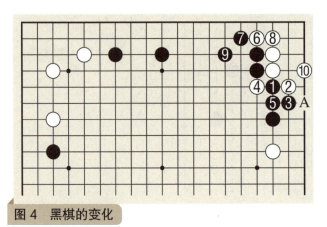

图 4 黑棋的变化

黑 1、白 2 时，黑 3 连扳也有可能，其后白 4 先手利用，以下至白 10 白棋做活。以后 A 位下立是黑棋的先手。

图 4 黑棋的变化

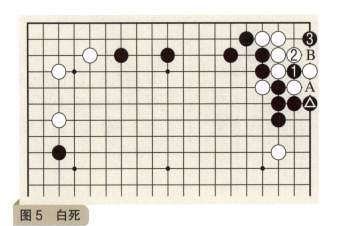

图 5 白死

黑▲下立时，白棋如果脱先，黑 1 扑后，黑 3 点是正确的次序，其后黑棋在 A 位和 B 位中居其一即可吃掉白棋。

图 5 白死

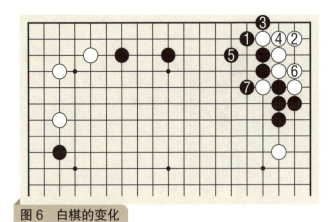

图 6 白棋的变化

黑 1 扳时，白 2 虎是为避免出现图 5 中的情况，黑 3 以下至黑 7 是预想的进行。

图 6 白棋的变化

基本图 22

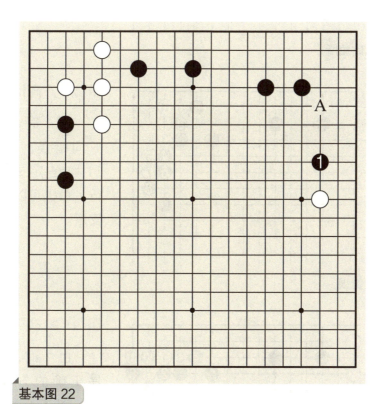

基本图 22

白先。黑 1 拆扩张，其后黑棋还须在 A 位补一手棋，角上方可走厚。对此白棋当然会立即打入。请问白棋应该如何打入？

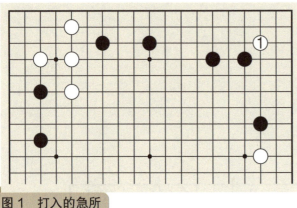

图1 打入的急所

白1点三三是打入的急所。

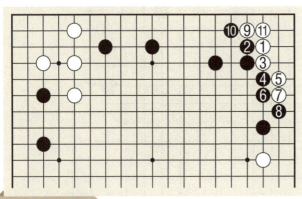

图2 方向错误

白1时，黑2挡方向错误，以下至白11均是定式化的进行，白棋可以轻松取地安定。

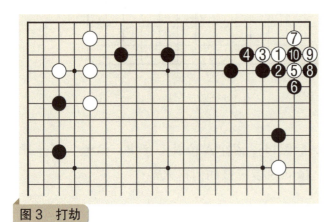

图3 打劫

白1时，黑2挡是正确的方向，白3长，以下至黑10，双方下成打劫。但角上白棋有更好的下法。

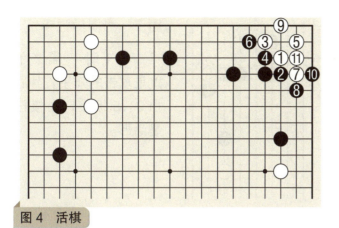

图4 活棋

图4 活棋

白1、黑2时,白3尖是做活的急所,其后黑4挤,白5补是手筋,以下进行至白11,白棋净活。

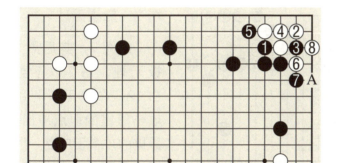

图5 大同小异

图5 大同小异

黑1、白2时,黑3打吃后黑5再挡,则白6、8提子活净,结果与图4大同小异。以后黑A下立是先手。

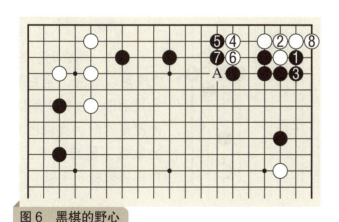

图6 黑棋的野心

图6 黑棋的野心

黑1、白2时,黑3接过分,白4跳,以下至白8活净。以后A位的弱点是黑棋的负担。

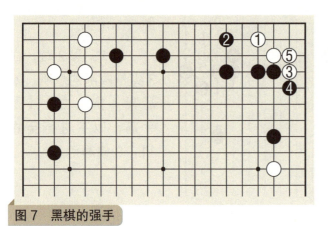

图7 黑棋的强手

白1时，黑2单跳是攻击的强手，其后白3、5扳接，白棋已是活形。

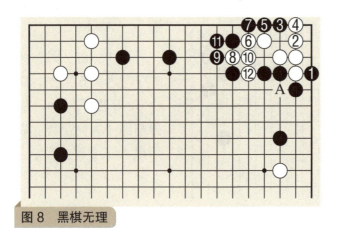

图8 黑棋无理

续图7，其后黑1扳无理，白2以下至白12，白棋可以利用攻击黑棋的弱点冲出，黑棋的攻击不成立。黑棋由于有A位的弱点，不可能吃住白棋。

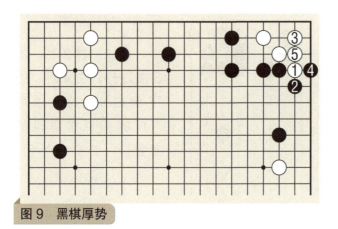

图9 黑棋厚势

白1、黑2时，白3虎可以成立，至白5已是活形。但将来黑棋外围走厚时，类似图8的攻击手段可以成立，白棋还须补一手棋。

基本图 23

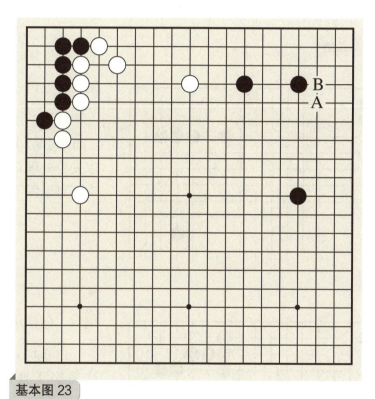

基本图 23

白先。白棋如何打入右上黑角是其面临的问题。当然如果黑棋在 A 位或 B 位再补一手，角上将会全部成为黑空。请问白棋应如何打入？

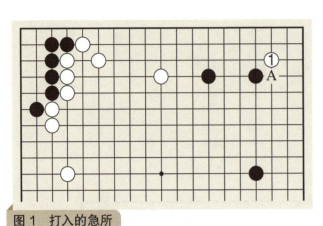

图1 打入的急所

白1点或A位靠都是打入的急所。

图1 打入的急所

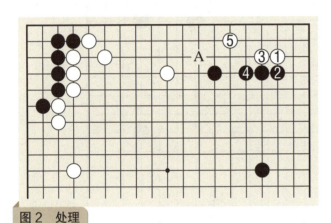

图2 处理

白1打入时，黑2如果挡，白3、5可以妥善处理，以后白A飞，可以围不少空。

图2 处理

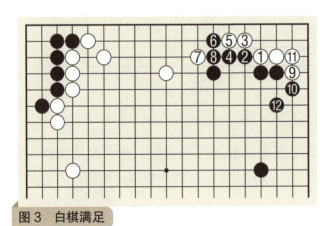

图3 白棋满足

白1时，黑棋如欲将棋下厚，黑2扳可行，以下至黑12均是定式化的进行，白棋可以先手安定。

图3 白棋满足

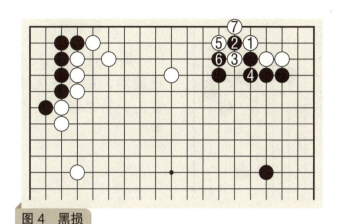

图4 黑损

图4 黑损

白1扳时,黑棋如为先手取外势,在2位可连扳,但以下进行至白7,黑损。

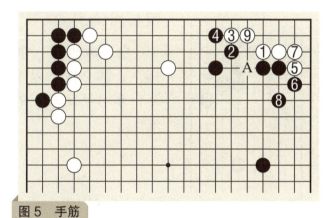

图5 手筋

图5 手筋

白1时,黑棋为不让白棋轻松整形,有黑2尖的变化。此时白3托是手筋,以下至白9,白棋彻底安定,而且还有将来白A扳的手段。

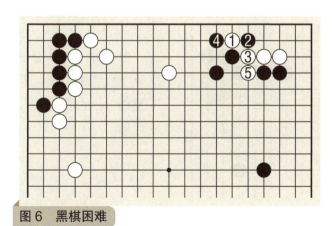

图6 黑棋困难

图6 黑棋困难

白1时,黑2扳无理,白3断,黑4打吃,至白5,黑棋被左右分断。

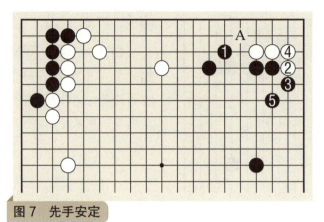

图7　先手安定

黑1时，白2、4扳接后，白棋已先手安定。将来黑A尖是先手。

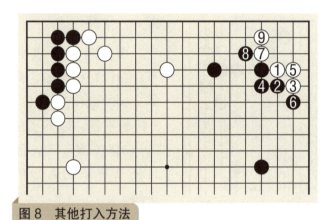

图8　其他打入方法

白1靠也是一种打入，黑2扳，以下至白9均是定式化的进行。

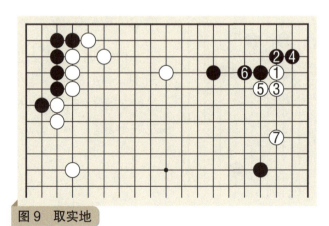

图9　取实地

白1时，黑2扳取实地，白3长，以下至白7，白棋可以下成活形。

基本图 24

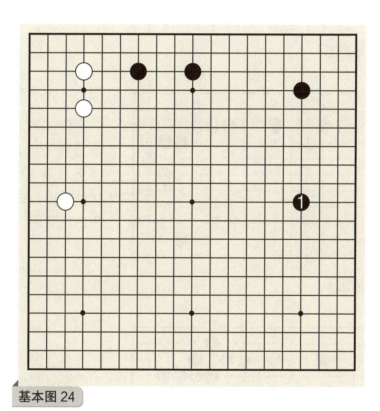

基本图 24

白先。黑 1 展开，针对黑棋以右上角的星位为基础分别向两边扩张的下法，请问白棋应如何打入？

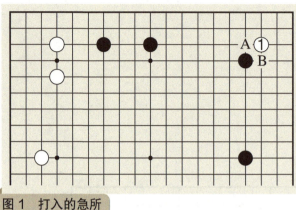

图1　打入的急所

图1　打入的急所

白1打入是急所，以后黑棋可以在A位挡和B位挡中进行选择。

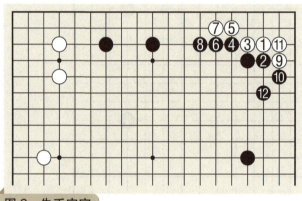

图2　先手安定

图2　先手安定

白1时，黑2挡是普通下法，白3长，以下至黑12均是定式化的进行，白棋可以先手占地安定。

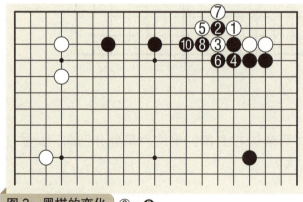

图3　黑棋的变化　⑨=❷

图3　黑棋的变化

白1扳时，有黑2连扳的变化，其后白3、5打吃黑一子，以下至黑10，黑棋可以筑成比图2更加强大的外势。

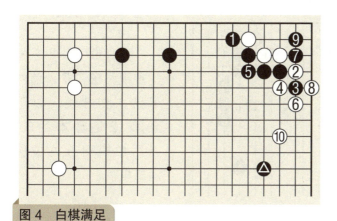

图4 白棋满足

图4 白棋满足

黑1时，白2扳、4断的强手可以成立，黑5接，白6、8则可打吃黑一子。以下进行至白10，黑▲子的作用减弱。

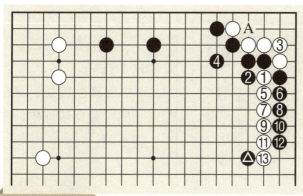

图5 白棋有利

图5 白棋有利

白1时，黑2打吃虽是强手，但白3接，以下至白13，黑▲一子失去作用，形势仍是白好。以后黑A可打吃白一子。

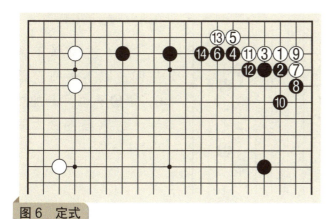

图6 定式

图6 定式

白3时，黑4飞是一种定式下法，但本图至黑14，黑棋上边过于重复。

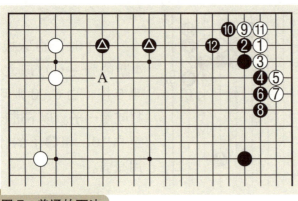

图7 普通的下法

白1时,黑2挡是重视黑▲二子价值的下法,白3长,以下至黑12是基本定式,以后白棋可在A位侵消黑棋。

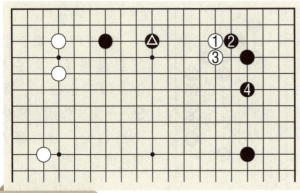

图8 白棋不满

白棋不点三三,而白1挂角不好,黑2、4是正确的应法,黑▲子的位置比较理想,白棋不满。

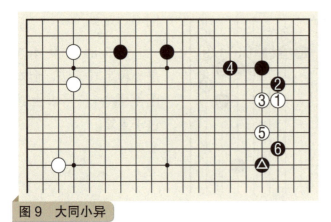

图9 大同小异

白1挂同样不能赞同,以下进行至黑6,黑▲子也可参加战斗,结果与图8大同小异。

基本图 25 ▶▶

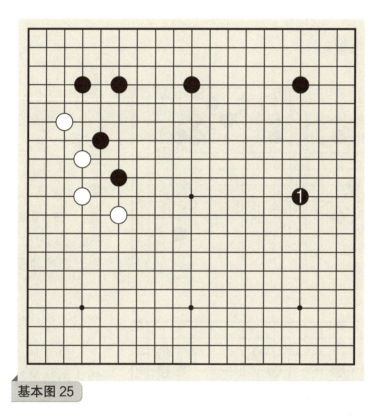

基本图 25

　　白先。黑1以右上角星位为后援扩张，这一类型的棋，我们已在前面有所分析。但本图由于左上角和上边的黑棋配置不同，白棋打入的方法也不相同。请问本图白棋如何打入才最佳？

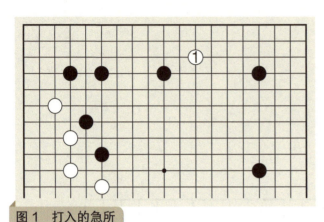

图 1 打入的急所

图 1 打入的急所

白 1 是打入的急所。

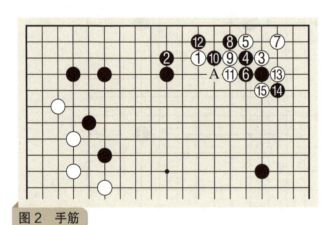

图 2 手筋

图 2 手筋

白 1 时，黑 2 并实施攻击，白 3 是手筋，黑 4 挡，以下至黑 14 是可以预见的下法，白 15 断极其严厉，而且白 A 挡是先手，黑棋难受。

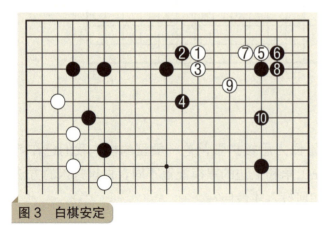

图 3 白棋安定

图 3 白棋安定

白 1 时，黑 2、4 的攻击法虽可考虑，但白 5 托后，白棋即可轻松安定。其后黑 6 如果扳，白 7 退即可。

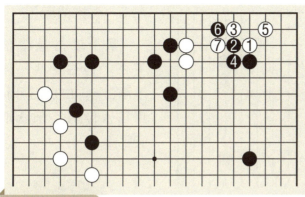

图4 黑棋难受

图4 黑棋难受

白1时,黑2扳的下法虽可考虑,但白3以下至白7,结果与图2相同。

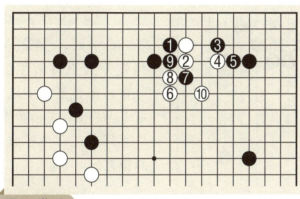

图5 枷吃

图5 枷吃

黑1、白2时,黑3进行攻击,白4先手与黑5交换是关键,白6飞后,若黑7跨,以下进行至白10,白棋可枷吃黑一子。

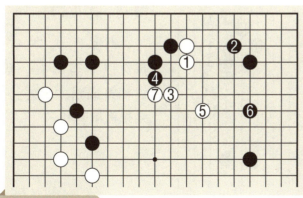

图6 白棋成功

图6 白棋成功

白1时,黑2如果尖,白3、5整形很好,至白7,白棋的打入取得了成功。

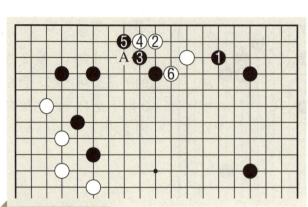

图7 黑棋的变化

黑1攻击是最佳下法，但白2飞，以下至白6，白棋仍可利用黑A位弱点来获取安定。

图7 黑棋的变化

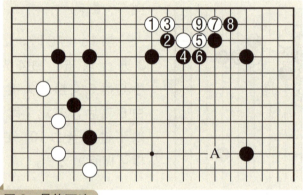

图8 最佳下法

白1时，黑2、4构筑外势虽有俗手的味道，却是最佳下法，以下至白9，黑棋争得先手后，在A位扩张，黑棋充分可下。

图8 最佳下法

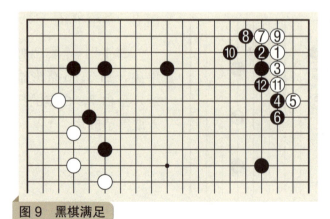

图9 黑棋满足

白1打入不好，黑2以下至黑10，黑棋构筑成强大的外势，结果黑棋有利。

图9 黑棋满足

基本图 26

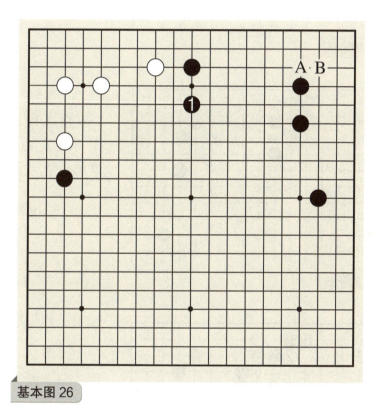

基本图 26

白先。黑1跳扩张。对白棋来说，A位和B位打入虽然都是一种感觉，但应充分考虑周边的配置再决定打入的方法。请问白棋应如何打入？

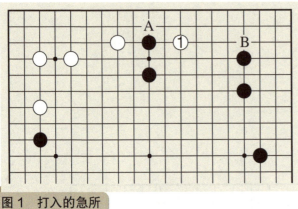

图1 打入的急所

白1打入是急所,其后白棋可以在A位渡过或在B位托。

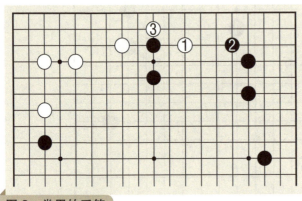

图2 常用的手筋

白1时,黑2如果守角,白3托谋求联络是常用的手筋。

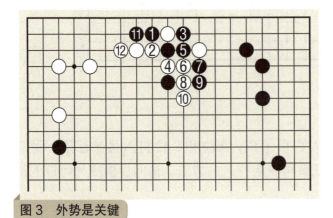

图3 外势是关键

续图2,黑1如果扳,白2断可以成立,黑3打吃,以下至白12,双方形成外势与实地的转换,以后白棋如何利用外势是关键。

图4 大同小异

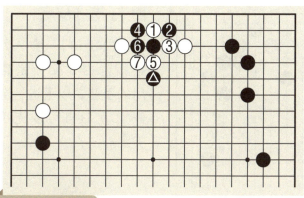

图4 大同小异

白1时，黑2如果扳，白3仍断，黑4打吃，以下至白7，结果与图3大同小异，黑△一子被割断。

图5 黑棋的变化

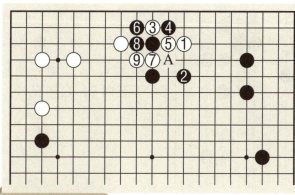

图5 黑棋的变化

白1时，有黑2封的变化，此时白3托仍是手筋，其后黑4扳，以下至白9，黑棋由于有自身的断点，因而不能在A位断。

图6 白棋活形

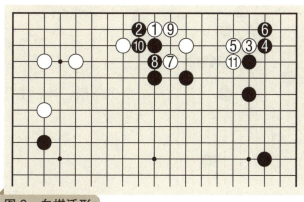

图6 白棋活形

白1时，黑2如果扳，白3托是要领，其后黑4如果扳，以下至白11，白棋是活形。

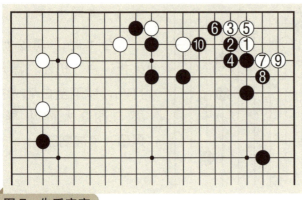

图7 先手安定

白1时，黑2如果扳，白3反扳是常用的手筋，以下进行至黑10，白棋可以先手安定。

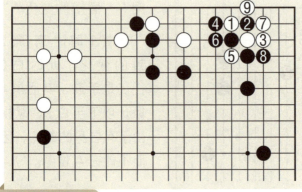

图8 白棋充分

白1时，黑2、4如果打吃，白5断以下至白9，白棋充分。

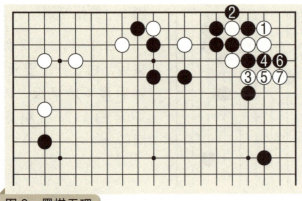

图9 黑棋无理

白1时，黑2提子无理，其后白3、5、7攻击黑棋，黑棋惹下大麻烦。

基本图 27

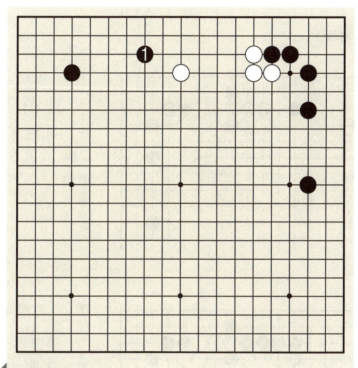

基本图 27 ②脱先

黑先。右上角的棋形是小目定式中经常出现的。右上角定式告一段落后，黑1逼攻，并且接着产生了打入白棋的绝好点。之后白棋如果不补，请问黑棋应如何打入？

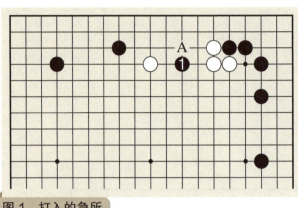

图1 打入的急所

黑1或黑A是攻击白棋弱点的急所。

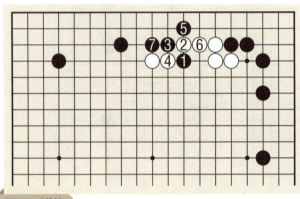

图2 联络

黑1打入，白2托，其后黑3扳，白4时，黑5、7可以联络。

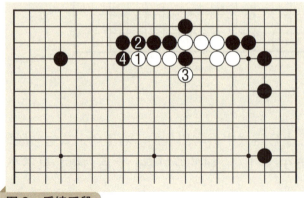

图3 后续手段

续图2，白1长与黑2交换，白3打吃黑一子，黑4拐头，黑棋充分。

图4 低位打入

黑1低位打入也可以成立，白2挡，以下至黑7是基本型。

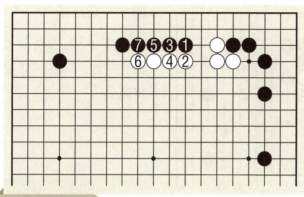

图4 低位打入

图5 白棋苦战

黑1时，白2挡，不让黑棋渡过，但黑3、5断，白棋苦战。

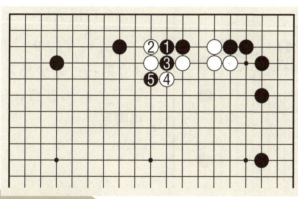

图5 白棋苦战

图6 白棋困难

续图5，白1如果接，黑2扳后，白二子很难处理。

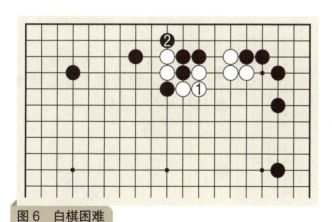

图6 白棋困难

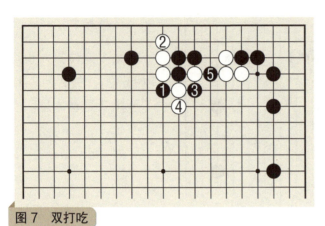

图7 双打吃

黑1时，白2如果下立，黑3可双打吃。

图7 双打吃

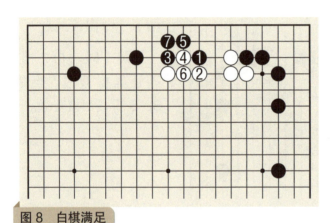

图8 白棋满足

黑1、白2时，黑3立即托过缺少思考，以下白4、6挖接，白棋满足。

图8 白棋满足

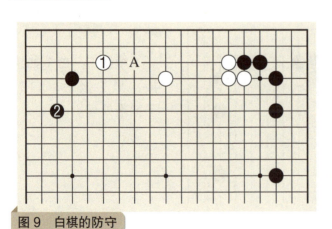

图9 白棋的防守

黑棋在A位下子之前，白1首先挂兼防守是好点。

图9 白棋的防守

基本图28 ▶▶

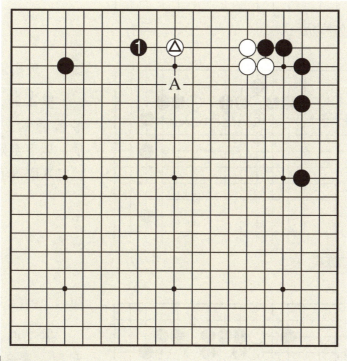

基本图28 ② 脱先

黑先。与前面棋形不同的是，白△的展开位置较低，此时黑1逼攻，同样是伺机打入的绝好点。其后白A单跳虽可防止对方打入，但如果白棋不补，请问黑棋应该如何打入？

图1 打入的急所

黑1是利用白棋的弱点打入的急所。以后白棋可预想的应手是A位或B位。

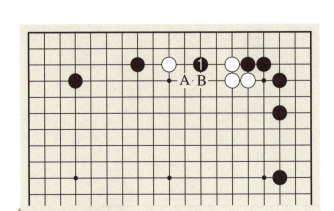

图1 打入的急所

图2 黑棋满足

黑1时，白2是最普通的应手，黑3顶，以下至黑7，黑棋的打入取得了成功。

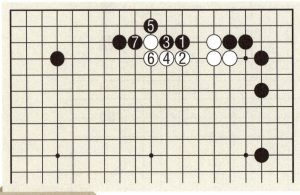

图2 黑棋满足

图3 白棋无理

黑1时，白2长无理，黑3冲，以下至黑7，白棋有A、B、C三处弱点。

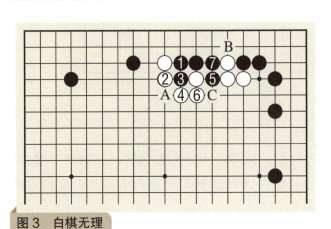

图3 白棋无理

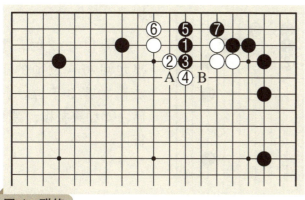

图 4 联络

黑 1 时，白 2 尖虽是最强应手，但黑 3 与白 4 交换后，黑 5 下立是手筋，白 6 如果阻渡，黑 7 联络后，白棋有 A 位和 B 位的弱点。

图 4 联络

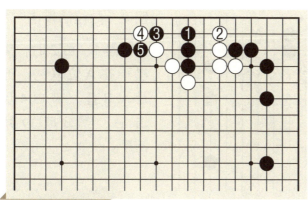

图 5 黑棋的手筋

黑 1 时，白 2 如果下立，黑 3 托可联络，其后白 4 如果扳，黑 5 断是手筋。

图 5 黑棋的手筋

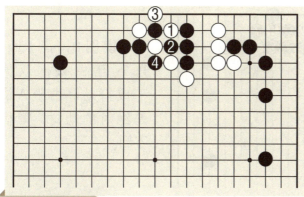

图 6 白棋难受

续图 5，其后白 1 如果打吃，黑 2、4 反击，白棋难受。

图 6 白棋难受

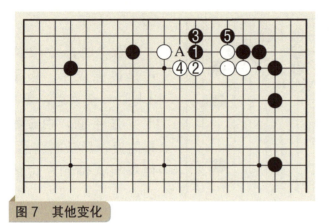

图7 其他变化

黑1、白2时，黑棋也可将A位顶的下法改为黑3下立，其后白4如果补棋，黑5扳过。

图7 其他变化

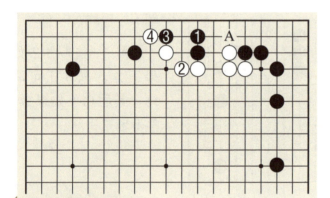

图8 白棋的反击

黑1、白2时，黑棋不在A位联络，而是黑3托，被白4反击后，黑3成为疑问手。

图8 白棋的反击

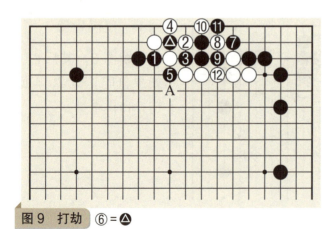

图9 打劫

续图8，黑1断，以下至白12，双方下成打劫，由于A位是绝对的劫材，黑棋不利。

图9 打劫 ⑥=▲

基本图 29 ▶▶

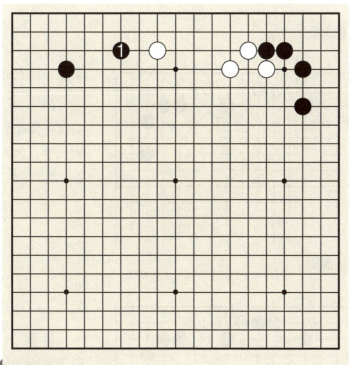

基本图 29 ② 脱先

　　黑先。右上角的定式可以说是典型的现代定式，也是实战中常出现的基本型。黑 1 逼攻时，白棋如果不应，请问黑棋应如何打入？

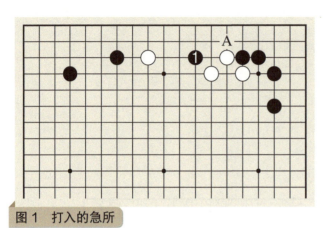

图1 打入的急所

图1 打入的急所

黑1是打入的急所，可以伺机在A位渡过。

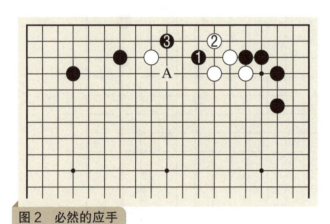

图2 必然的应手

图2 必然的应手

黑1打入时，白2尖阻止黑棋渡过是必然的一手，其后黑棋可黑3或黑A飞。

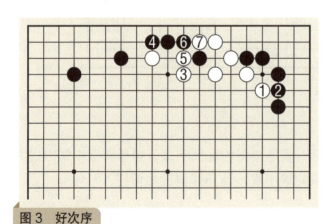

图3 好次序

图3 好次序

续图2，白1刺、白3封是好次序，若黑4联络，白5、7吃住黑一子，白棋充分。

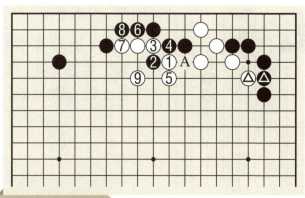

图4 黑棋的反击

图4 黑棋的反击

白1时，黑2靠是手筋，白3断，以下至白9是基本定式。此时可以看出白△与黑△交换的重要性，弥补了白A位的弱点。

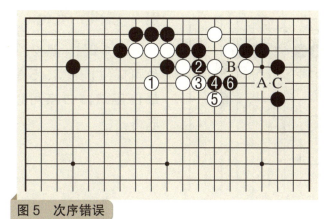

图5 次序错误

图5 次序错误

如果图4中的白△不与黑△进行交换，而直接白1枷则次序有误，黑2、4冲断的强手可以成立。黑6后，再下白A，黑B可以打吃，因而黑可不在C位接。

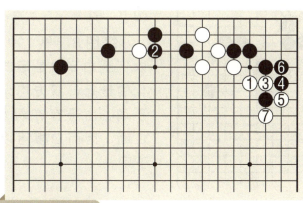

图6 白棋满足

图6 白棋满足

白1时，黑2切断不好，以下至白7，白棋征吃黑一子，白棋满足。

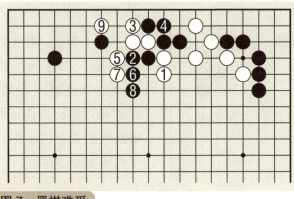

图7 黑棋难受

白1时，黑2长无理，白3先手，以下至白9，黑棋难受。

图7 黑棋难受

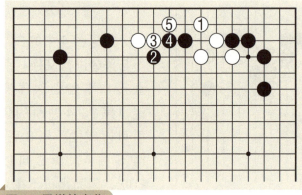

图8 黑棋的变化

白1时，黑2飞也可成立，白3、5是最佳应法，白棋可以联络。

图8 黑棋的变化

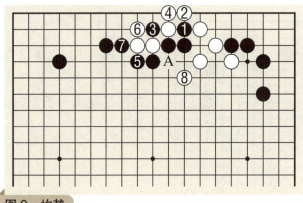

图9 均势

续图8，黑1冲，以下至白8均是定式化的进行，双方均无不满。由于存在着A位断，因而白棋可以安定。

图9 均势

基本图 30

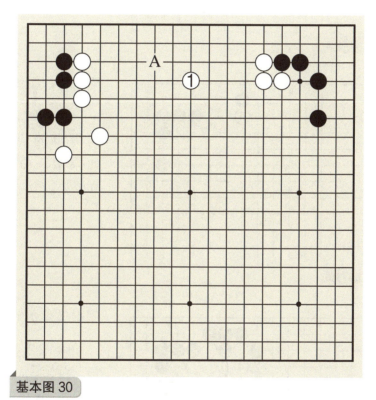

基本图 30

黑先。白1展开时，双方的定式暂告一段落。前面我们对A位有黑子时的打入方法进行了分析，现在我们来看一看A位没有黑子时打入的变化。

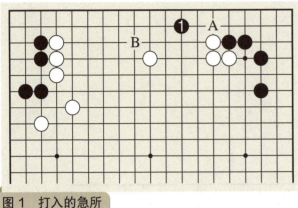

图1 打入的急所

黑1是打入的急所，其后黑棋可在A位渡过或在B位大飞。

图1 打入的急所

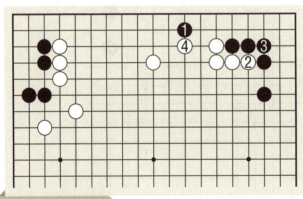

图2 白棋的对策

黑1时，白2挤问黑棋的应手，黑3如果接，白4可以确立厚势。

图2 白棋的对策

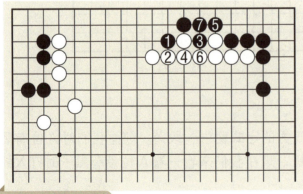

图3 黑棋的用意

续图2，黑1可以扳，白2挡，以下进行至黑7，黑棋可以联络。

图3 黑棋的用意

图 4　白棋虎补

图 2 后，黑棋如果脱先，白 1 虎补，控制黑一子，是非常厚的下法。

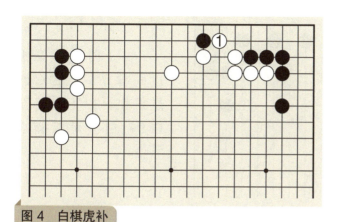

图 4　白棋虎补

图 5　白棋阻渡

黑 1 时，白 2 如果阻渡，黑 3 与白 4 交换后，黑 5 可以飞出，以下至黑 9，黑棋打入取得了成功。

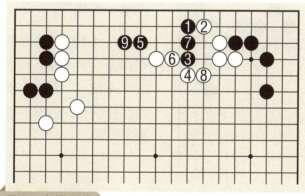

图 5　白棋阻渡

图 6　白棋满足

黑 1、白 2 时，黑 3 如果虎，白 4 下立很舒服，黑 5 必须补棋，白 6 控制住黑一子，白好。

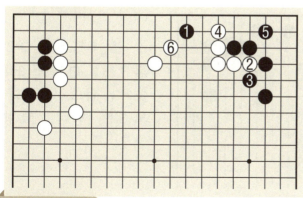

图 6　白棋满足

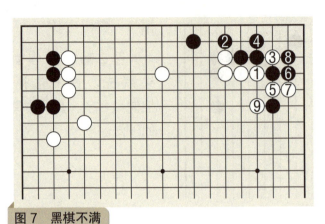

图7 黑棋不满

图7 黑棋不满

白1时，黑2扳过同样不好，白3断是好棋，以下进行至白9，白棋可以确立厚势。

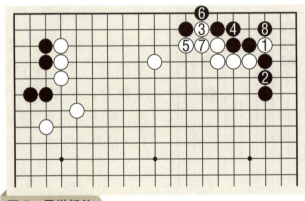

图8 黑棋低位

图8 黑棋低位

白1时，黑2接可以避免图7的进行，以下至黑8，黑棋不仅被压在低位，而且还是后手。

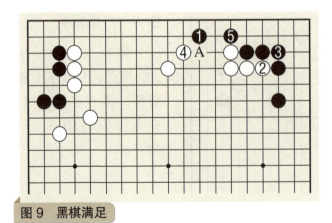

图9 黑棋满足

图9 黑棋满足

黑1打入，白2、黑3后，白棋不在A位靠，而白4尖不好，黑5联络后，黑棋满足。

基本图 31 ▶▶

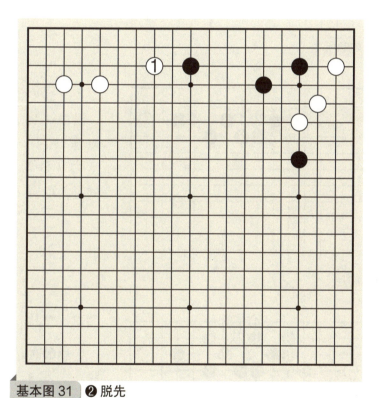

基本图 31　❷ 脱先

白先。右上角是小目定式，现在白1逼攻，不仅扩张自己，而且有意打入黑阵。请问如果黑棋不应，白棋应如何打入？

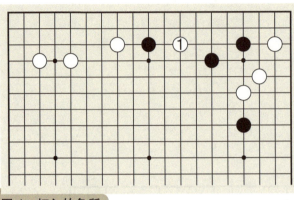

图1 打入的急所

白1是打入的急所。

图1 打入的急所

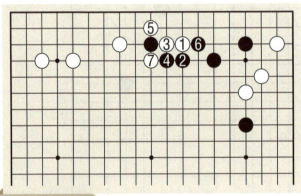

图2 白棋满足

白1时，黑2可以压，白3顶，以下至白7是常法，白棋的打入取得了成功。

图2 白棋满足

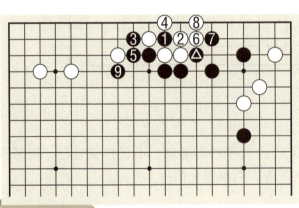

图3 黑棋厚势

黑▲时，白棋如果脱先，黑1、3打吃可以成立，以下至黑9，黑棋确立厚势。

图3 黑棋厚势

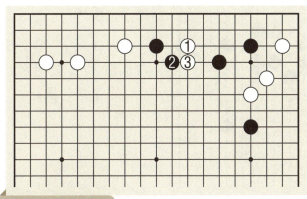

图 4　黑棋的变化

白 1 时，有黑 2 尖的变化，此时白 3 长，让黑棋留有断点非常重要。

图 4　黑棋的变化

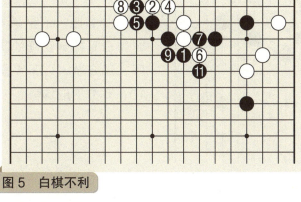

图 5　白棋不利

续图 4，黑 1 扳时，白 2 托是要领，但黑 5 时，白 6 立即扳次序错误，被黑 7 断后，以下至黑 11，白棋不利。

图 5　白棋不利

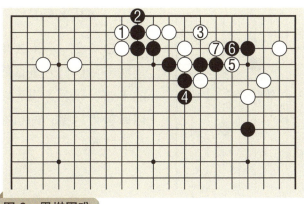

图 6　黑棋困难

白 1 时，黑 2 阻渡无理，白 3 虎则是稳健的好棋，其后黑 4 补棋，白 5、7 切断，黑棋困难。

图 6　黑棋困难

图7 黑死

白1时，黑2进攻，白3、5先手利用后，白7挡，黑死。

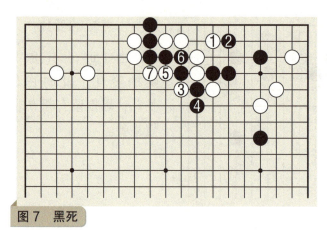

图7 黑死

图8 均势

白1托，下至黑4时，白5挡是正确的次序，黑6补，以下至黑10，双方下成均势。

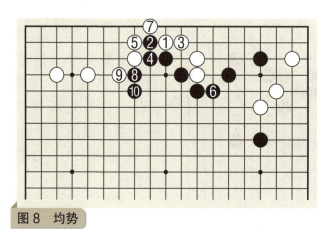

图8 均势

图9 黑棋的防守

白1时，黑2单跳防备白棋打入是很厚的下法，以后黑棋可以以厚势为后援，伺机在A位打入。

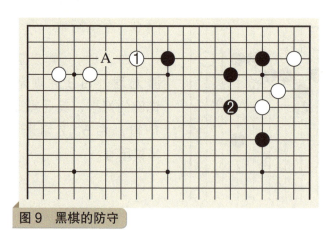

图9 黑棋的防守

基本图 32 ▶▶

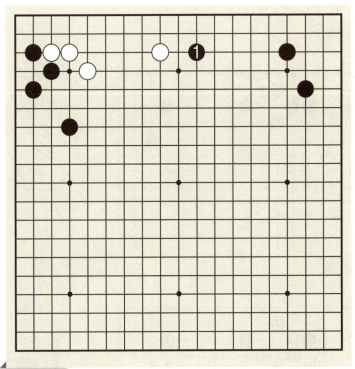

基本图 32　② 脱先

黑先。左上角仍是小目或高目定式中经常出现的棋形。其后黑1逼攻，白棋若不应，请问黑棋应如何打入？

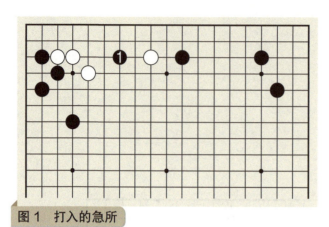

图1 打入的急所

黑1是利用白棋弱点打入的急所。

图1 打入的急所

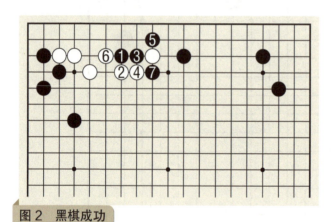

图2 黑棋成功

黑1时，白2压是普通的应法，黑3顶，至黑7，黑棋打入取得了成功。

图2 黑棋成功

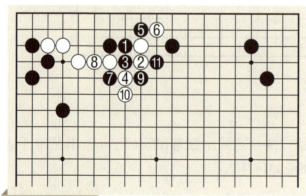

图3 白棋困难

黑1时，白2若长，以下至黑11是常用手法，白棋困难。

图3 白棋困难

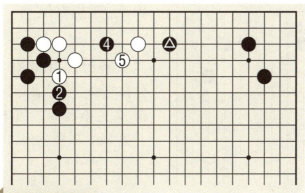

图4 先做交换 ③脱先

图4 先做交换

黑▲时，白棋为缓和打入，白1先手与黑2交换，之后白棋可以脱先。其后黑4打入时，白5可以反击。

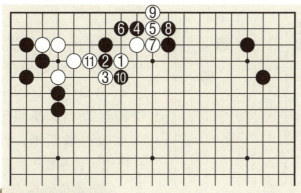

图5 常用的次序

图5 常用的次序

白1尖时，黑2与白3交换后，黑4托是次序，白5扳，以下至白11均是预想的进行。

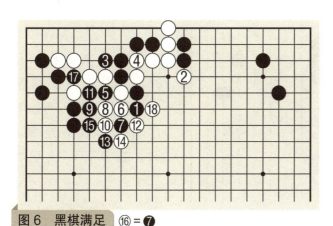

图6 黑棋满足 ⑯=❼

图6 黑棋满足

续图5，黑1长，白2扳，以下至白18，双方形成转换，由于白棋形壅塞，因而黑棋满足。

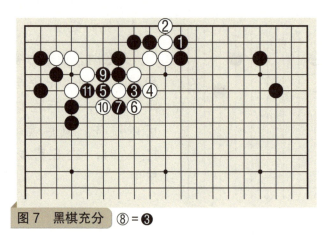

图7 黑棋充分 ⑧=❸

图7 黑棋充分

黑1挡,白2立,黑3断时,白棋有4位打吃的变化,此时黑5、7先手利用,以下至黑11,黑棋充分。

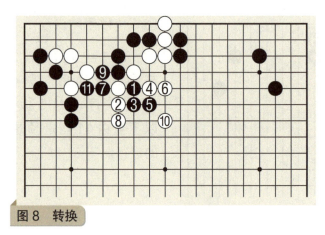

图8 转换

图8 转换

黑1断时,白2长正确,黑3如果长,白4、6是次序,以下进行至黑11,黑棋可在上边占取实地,而白棋也可先手枷吃黑三子,双方形成转换。

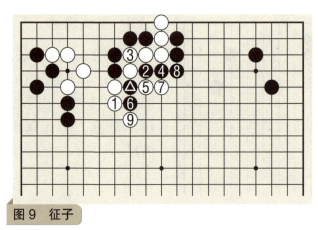

图9 征子

图9 征子

黑❶断、白1长时,黑2打吃,在征子有利的前提下可以考虑。否则以下至黑8时,白9可以征吃黑二子。

基本图 33 ▶

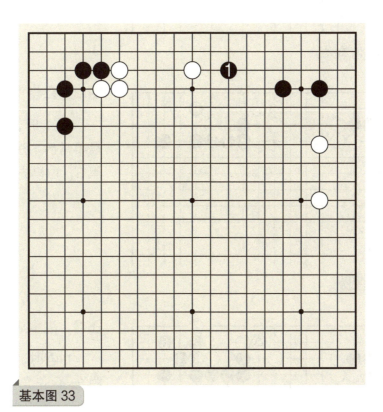

基本图 33

　　白先。黑1以角地为依托拆边不能说不坚实，但由于周边的白棋比较强大，故白棋仍有打入的余地。请问白棋应如何打入？

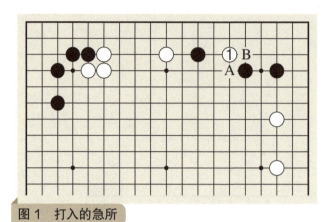

图1 打入的急所

白1是打入的急所，其后黑棋可以预见的应手是A位或B位。

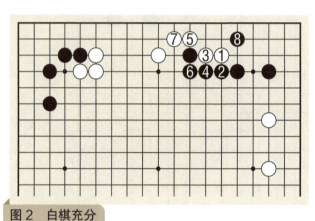

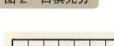

图2 白棋充分

白1时，黑2是最平常的下法，以下至黑8，白棋先手联络。

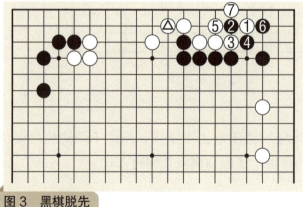

图3 黑棋脱先

白△时，黑棋如果脱先不守角，白1飞很好，黑2搭，以下至白7，黑棋整体仍有受攻的可能性。

图 4　白棋满足

白 1 时，黑 2 如果长，白 3 是要领，黑 4 接，以下至白 11，白棋有利。

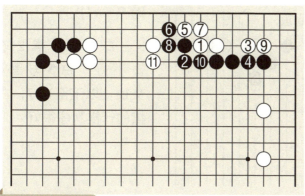

图 4　白棋满足

图 5　变化

白 1 时，有黑 2 挡的变化，以下至白 9，白棋充分。

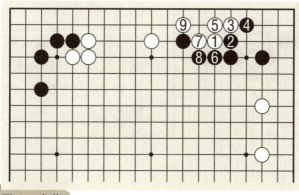

图 5　变化

图 6　大同小异

黑 1 时，白 2 与黑 3 交换后，白 4、6 扳接也可成立，以下至白 10，结果与图 5 大同小异。

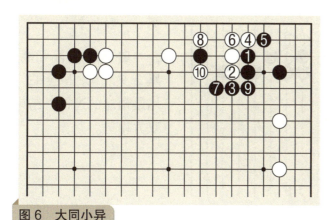

图 6　大同小异

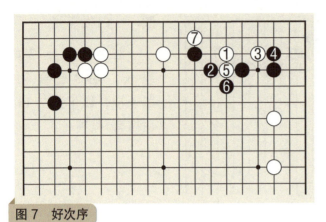

图7 好次序

图7 好次序

白1时，黑2攻击不好，白3与黑4交换，以下至白7，白棋的行棋次序很好。

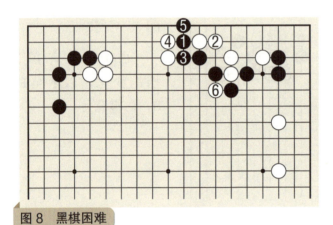

图8 黑棋困难

图8 黑棋困难

续图7，黑1扳，以下至黑5，白棋先手处理后，白6断，黑棋困难。

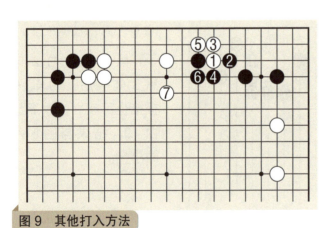

图9 其他打入方法

图9 其他打入方法

白1靠也有可能，黑2夹，以下至白7均是预想的进行，结果双方均势。

基本图 34

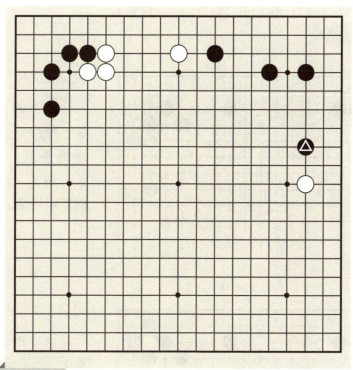

基本图 34

　　白先。与前面我们所分析的棋形不同的是，本图中黑棋有黑▲子存在，黑棋的势力更加强大。而白棋面对黑势，应寻求一种双方都能妥协的最佳打入方式。请问白棋打入的急所在哪里？

图1 打入的急所

由于有黑▲子存在，白1靠问白棋的应手是打入的急所。

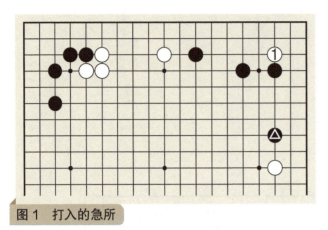

图1 打入的急所

图2 活角

白1靠，黑2扳是一种感觉，其后白3扳是手筋，黑4如果长，白5、7之后，白棋可以活角。

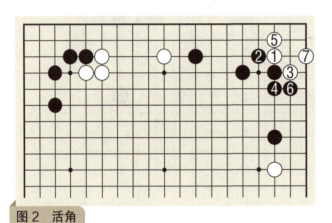

图2 活角

图3 腾挪战术

白1时，黑2如果打吃，白3与黑4交换后，白5靠是腾挪战术。

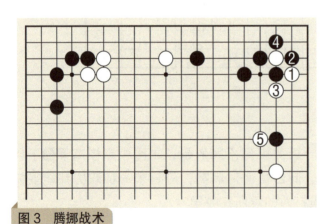

图3 腾挪战术

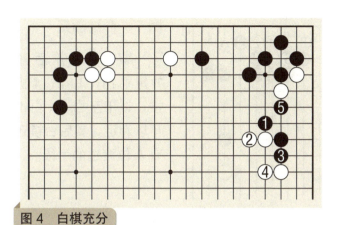

图4 白棋充分

图4　白棋充分

续图3，黑1扳，以下至黑5，黑棋只有后手补棋，白棋通过弃去角上几子整形，白棋棋形充分。

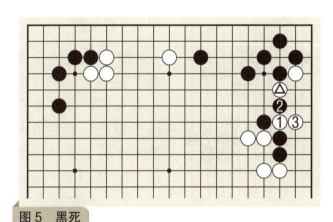

图5 黑死

图5　黑死

如果图4中的黑5不下，本图白1断可以成立，以下黑2打吃，白3下立，白棋可以吃住黑二子。

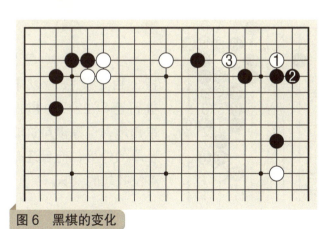

图6 黑棋的变化

图6　黑棋的变化

白1时，黑2如果下立，白3是要领。

图7 白棋满足

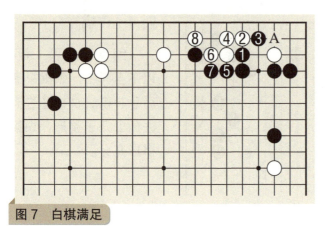

图7 白棋满足

续图6,其后黑1如果挡,白2、4扳接,以下至白8,白棋可以满足。其后白棋还有A位渡过的手段。

图8 其他例子

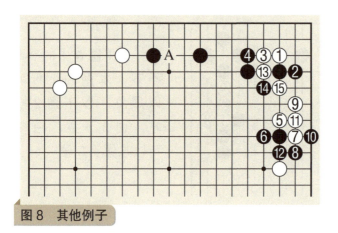

图8 其他例子

如果遇到A位无白子的棋形,白1靠也是急所,黑2是最强的抵抗,则白3与黑4交换后,白5靠是手筋,以下进行至白15,黑二子被吃。

图9 劫的余味

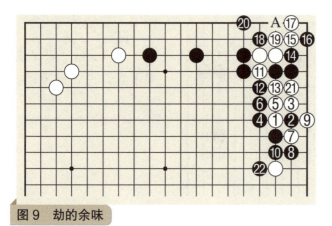

图9 劫的余味

白1时,若黑2扳,白3反扳,以下进行至黑22,白棋占取角地,但黑棋可筑成坚厚的外势,而且还有A位扑劫的余味。

基本图 35

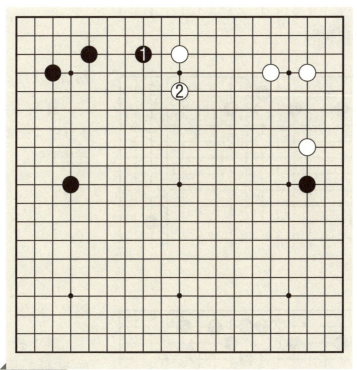

基本图 35

　　白先。黑 1 逼时,白 2 跳补,不仅可以缓和黑棋的打入,而且还可有效地扩张上边。白势虽然比较强大,但黑棋同样可以打入。请问黑棋应该如何打入?

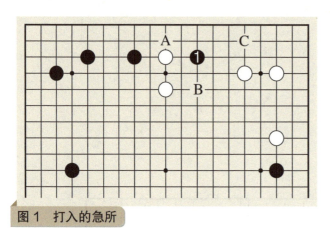

图1 打入的急所

图1 打入的急所

黑1是打入的急所。以后黑棋有A位托、B位跳和C位大飞等手段。

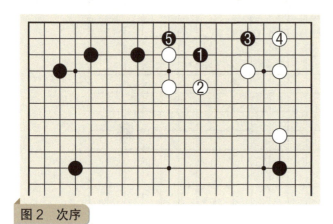

图2 次序

图2 次序

黑1、白2时，黑3与白4交换后，黑5托是要领。

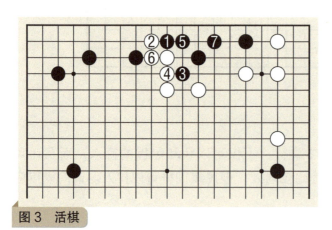

图3 活棋

图3 活棋

黑1托时，白2如果扳，黑3与白4交换后，黑5退是好次序，白6接，黑7虎补，结果黑活。

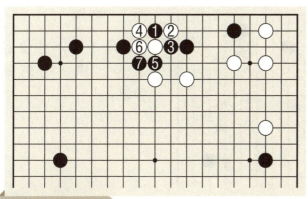

图4 白棋的反击

图4 白棋的反击

黑1时,白2扳进行反击,此时黑3断,以下至黑7,黑好。

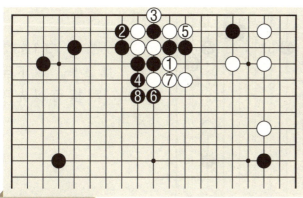

图5 弃子战术

图5 弃子战术

续图4,白1如果断,黑2与白3交换后,黑4是稳健的下法,白5补棋时,黑6、8重视外围,结果黑弃子战术成功。

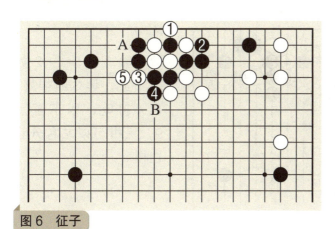

图6 征子

图6 征子

白1时,黑2若挡,以下进行至白5,黑棋有A、B两处弱点。但由于白棋征子不利,白棋受损,因此图5中的白1不能成立。

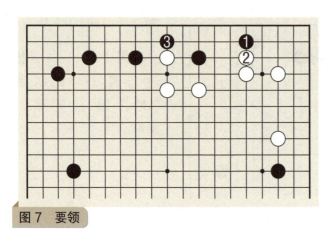

图7 要领

黑1时，白2如果顶，黑3托仍是要领。

图7 要领

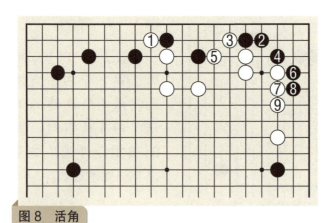

图8 活角

续图7，白1如果扳，黑2长，以下至白9，黑棋可以先手活角。

图8 活角

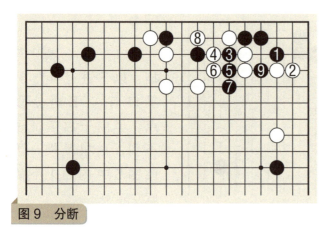

图9 分断

黑1时，白2如果下立，黑3断很好，白4打吃，以下至黑9，黑棋可以左右分断白棋。

图9 分断

基本图 36 ▶▶

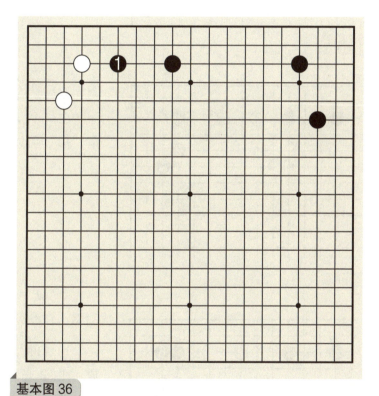

基本图 36

白先。黑1拆二，在扩张自己的同时，也限制左上角的白棋。在此形势下，白棋在上边打入黑阵的方法有多种，但打入时应充分考虑到右上角黑棋是大飞守角。请问白棋应该如何打入？

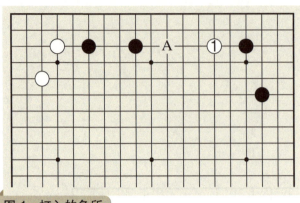

图1 打入的急所

白1是打入的急所，其后白棋有在A位拆二的余地。

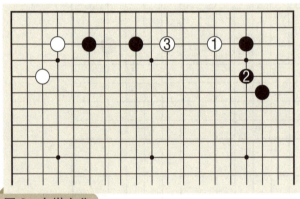

图2 白棋充分

白1时，黑2守角，白3可以拆二。

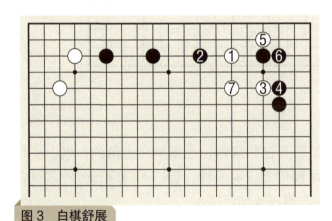

图3 白棋舒展

白1时，黑2逼攻，白3与黑4交换后，白5托是机敏的试应手，黑6退，白7跳起，白棋舒展。

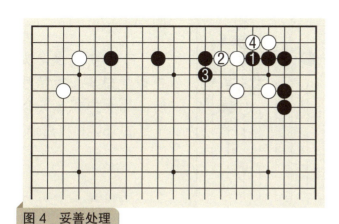

图4 妥善处理

图4 妥善处理

续图3，黑1顶时，白2同样顶是好棋，黑3长，白4联络，白棋得以处理。

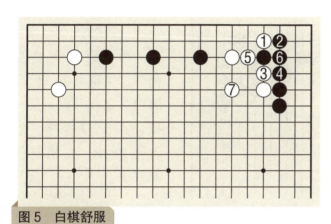

图5 白棋舒服

图5 白棋舒服

白1托时，黑2扳缺少思考，其后白3、5先手利用，白7补棋，白棋舒服。

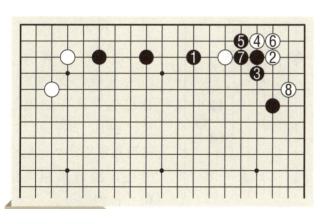

图6 其他手段

图6 其他手段

黑1夹攻时，白2靠也可成立，黑3时，白4、6先手，然后白8飞，白棋可以活角。

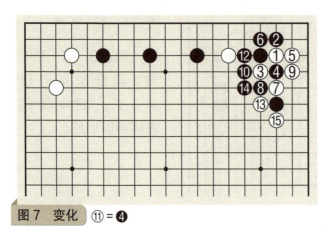

图 7 变化 ⑪ = ❹

图7 变化

白1时，黑2如果扳，白3反扳是手筋，黑4如果断，以下至白15，白棋充分。

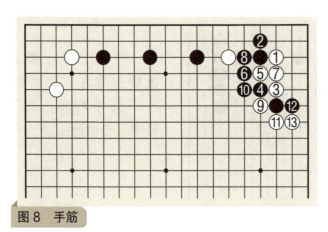

图 8 手筋

图8 手筋

白1时，黑2立的下法虽可考虑，但此时白3靠是手筋，黑4扳，白5、7挖接，以下至白13，白棋吃住黑二子。

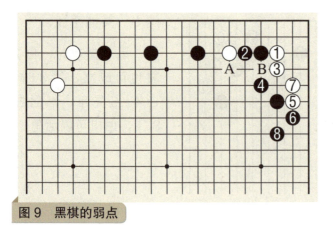

图 9 黑棋的弱点

图9 黑棋的弱点

白1时，有黑2顶的变化，此时白3长稳健，黑4如果封锁，白5、7托退，白棋可先手安定。以后白棋还可瞄着黑棋A位和B位的弱点。

基本图 37

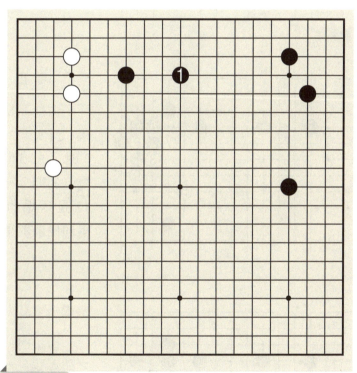

基本图 37

白先。黑1以右上角为依靠进行扩张。请问在此形势下，白棋常用的侵消手段是什么？

图1 侵消的急所

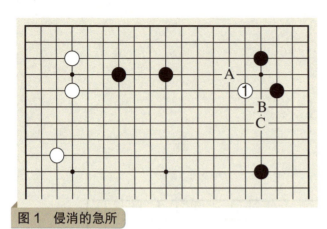

图1 侵消的急所

白1是侵消的急所，以后黑棋可以预想的应手是A、B、C三个位置。

图2 手筋

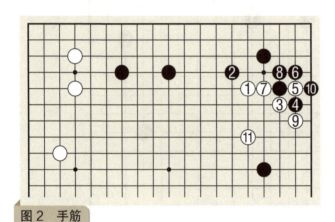

图2 手筋

白1时，黑2如果飞补，白3靠，黑4时，白5断是手筋，黑6打吃，以下至白11是预想的进行，白棋的侵消取得了成功。

图3 变化

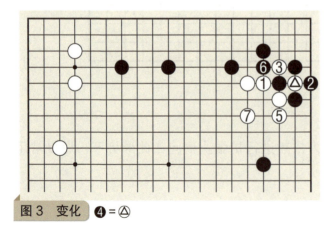

图3 变化 ❹=△

白1时，有黑2提子的变化，白3先手利用后，白5长，至白7，白棋具备活形。

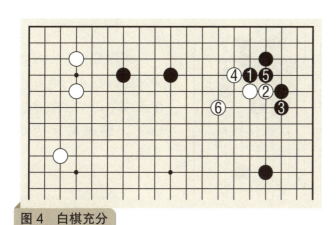

图4 白棋充分

图4 白棋充分

现在我们来分析一下黑1的变化。此时白2与黑3交换后,白4扳,黑5接时,白6飞整形,白棋充分。

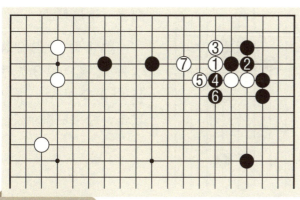

图5 强硬下法

图5 强硬下法

白1、黑2时,白3下立强硬。黑4如果断,白5打吃后,白7虎,结果白好。其中黑4下在7位,可以整体攻击白棋。

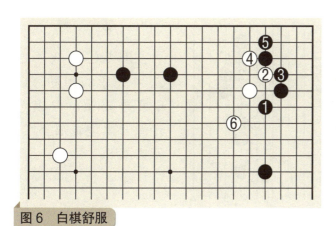

图6 白棋舒服

图6 白棋舒服

如果黑1补棋,白2、4利用先手后,白6飞,白棋很舒服。

图7 因小失大

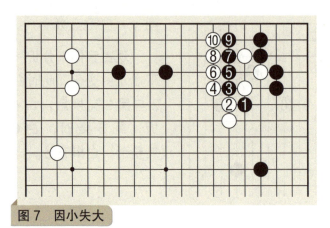

图7 因小失大

续图6，黑1、3如果冲断，白4打吃，以下至白10，白棋弃去三子，结果黑棋因小失大。

图8 次序错误

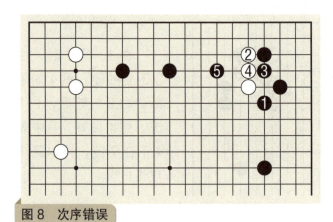

图8 次序错误

黑1时，白2靠次序错误，黑3先手与白4交换后，黑5攻击，结果白棋难受。

图9 双方均势

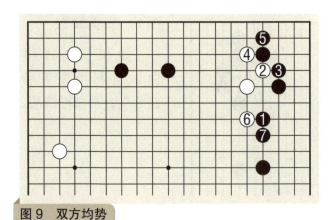

图9 双方均势

黑1如果飞，白2、4先手利用后，白6靠是要领，白棋可走厚，黑地也很坚实，双方可下。

基本图 38

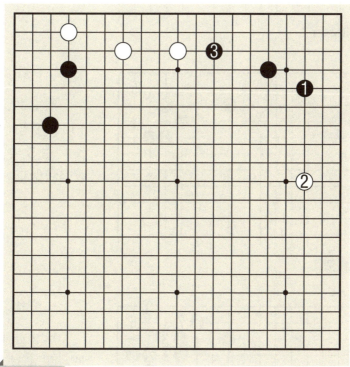

基本图 38

白先。黑 1 飞守角,白 2 占边,同时也有限制黑棋扩张的作用,黑 3 展开,企图占据整个大角。请问白棋应如何打入黑角?

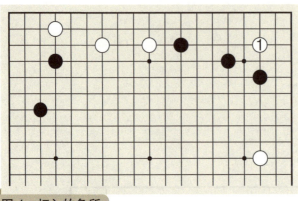

图1 打入的急所

白1点三三是打入的急所。

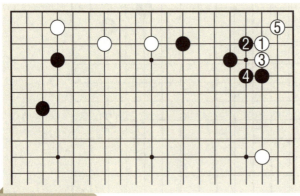

图2 白棋做活

黑2攻击时，白3顶是要领，其后黑4长，白5尖，白棋可以轻松做活。

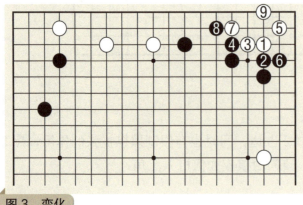

图3 变化

黑2如果顶，白3长，黑4时，白5尖，至白9虎，白棋仍可做活。

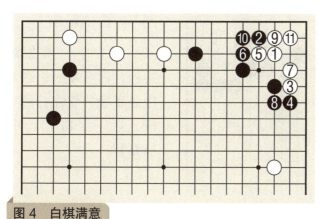

图4 白棋满意

图4 白棋满意

白1时，有黑2飞攻击白棋的变化，白3托，以下至白11，白棋可以活，白棋满意。

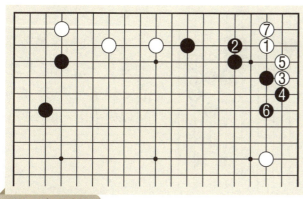

图5 大同小异

图5 大同小异

白1时，黑2立，不给白棋任何变化的机会，白3托，以下至白7，结果与图4大同小异。

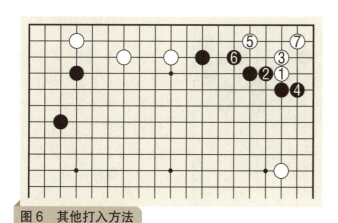

图6 其他打入方法

图6 其他打入方法

白1打入有时也可成立。黑2扳，白3长，以下至白7，白棋可以活角。

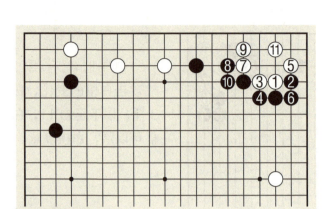

图 7　白棋充分

白 1 时，黑 2 如果扳，白 3 顶后，白 5 扳是正确的次序，黑 6 接，以下至白 11，白棋充分。

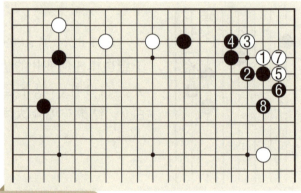

图 8　白先手活

白 1 时，黑 2 长的变化一般不能考虑。白 3 以下至黑 8，白棋可以先手活，黑不好。

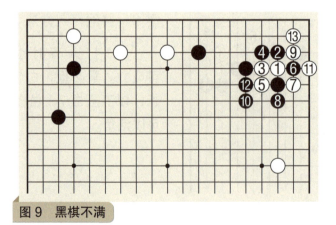

图 9　黑棋不满

白 1 时，黑 2 如果夹，白 3、5 出头很好，黑 6 断是手筋，但白 7 打吃，以下至白 13，白棋可在角上活出，黑棋不满。

第2章
实战打入与侵消30型

问题图1 ▶▶

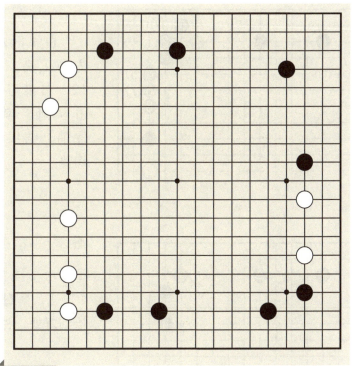

问题图1

白先。黑棋在右上分别向两侧扩张,白棋必须立即打入。请问白棋打入的急所在哪里?

图1 打入的急所

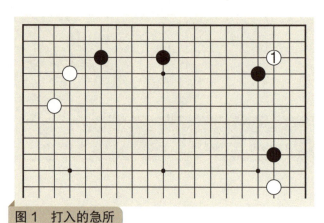

图1 打入的急所

白1点三三是打入的急所。

图2 均势

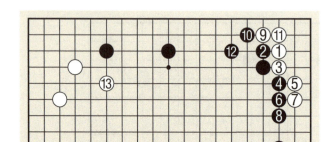

图2 均势

白1时，黑2挡方向正确，以下至黑12，白棋可以先手抢占实地，其后白13侵消，结果双方下成均势。

图3 白棋不满

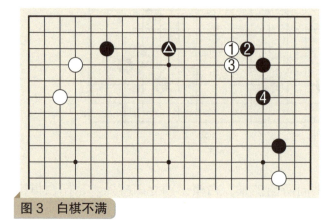

图3 白棋不满

白1挂角，黑2、4攻击，黑▲子的位置恰到好处，白棋不满。

问题图 2 ▶▶

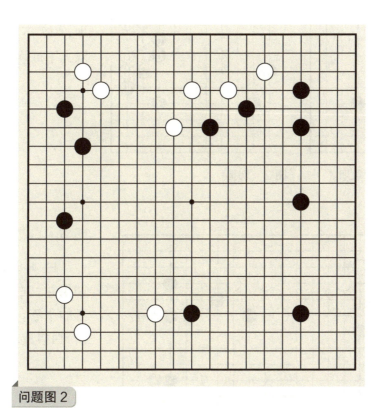

问题图 2

　　白先。黑棋在右边和中腹形成了强大势力,白棋欲通过打入来牵制黑势。请问白棋应如何打入?

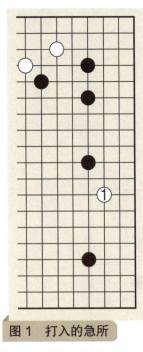

图1 打入的急所

白1打入是急所。

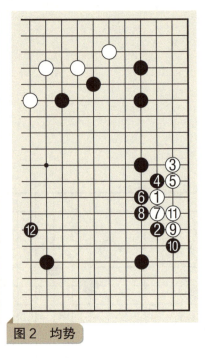

图2 均势

白1时，黑2飞是正确的攻击方法，其后白3飞确保根地，以下至黑12，双方下成均势。

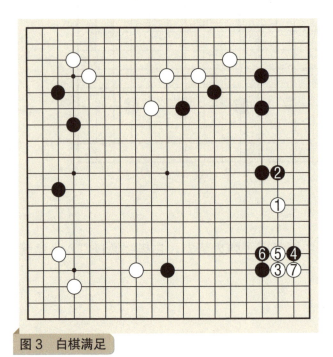

图3 白棋满足

白1时，黑2如果并，白3托是腾挪的手筋，以下至白7，白棋成功安定。

问题图 3 ▶▶

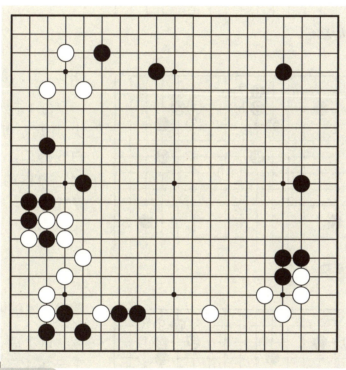

问题图 3

白先。白棋如何限制黑棋由上至下所形成的庞大模样,是其面临的首要问题。请问白棋打入的急所在哪里?

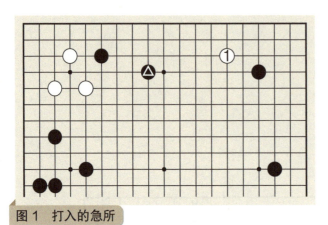

图1 打入的急所

白1点是针对黑△子的打入急所。

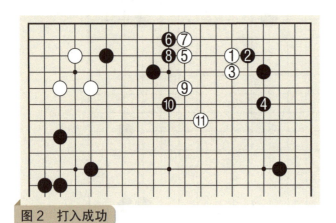

图2 打入成功

白1挂时，黑2尖顶后，黑4补棋，白5拆二，以下至白11，白棋的打入取得了成功。

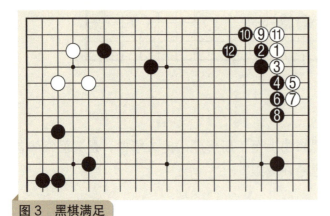

图3 黑棋满足

白1点三三，以下至黑12，黑棋可以构筑强大的势力，白棋不好。

问题图 4 ▶▶

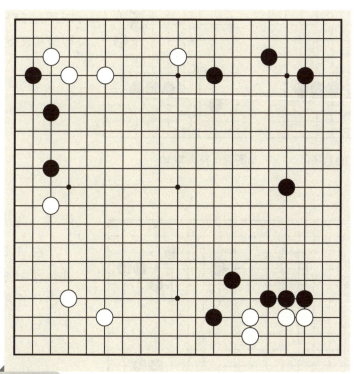

问题图 4

白先。白棋如不对右侧黑势进行牵制,不可能赢棋。请问白棋牵制黑势的急所在哪里?

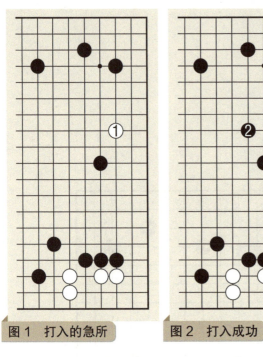

图1 打入的急所

图2 打入成功

图1 打入的急所

白1是打入的急所。

图2 打入成功

白1时，黑2如果封锁，白3飞，以下至白9，白棋可以轻松安定。

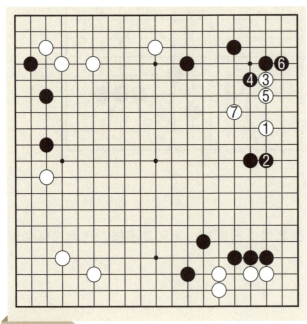

图3 变化

图3 变化

白1时，黑2并，不让白棋生根，则白3托是手筋，以下至白7，白棋仍可安定。

问题图 5 ▶▶

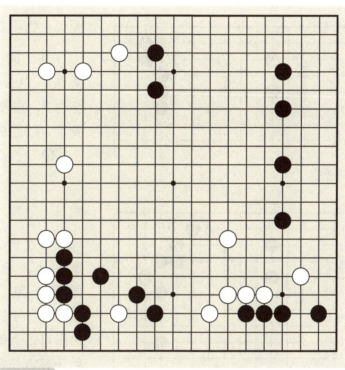

问题图 5

　　白先。黑棋如在右上角再补一手棋，白棋就无法打入了，故现在白棋必须有所行动。请问白棋应怎样下？

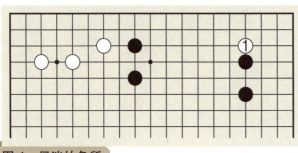

图 1 侵消的急所

白 1 托是侵消的急所。

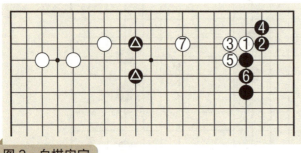

图 2 白棋安定

白 1 时，黑 2 如果扳，白 3 长，以下至白 7，白棋可以轻松安定，以后白棋还可攻击黑△二子。

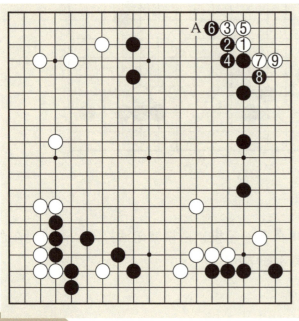

图 3 活角

白 1 时，黑 2 扳重视边，此时白 3 反扳是手筋，黑 4 接，以下至白 9 是定式，白棋可以活角，白棋以后还有 A 位夹的手段。

问题图6 ▶▶

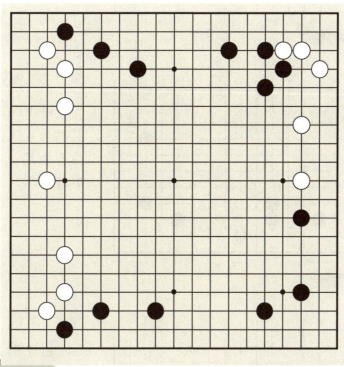

问题图6

白先。黑棋以右下角为根据,分别向右边和下边扩张。白棋想在不受攻的前提下破坏黑阵。请问白棋应怎样下?

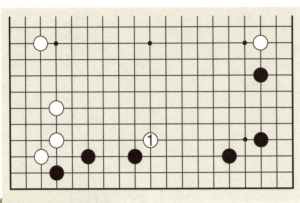

图1 侵消的急所

图1 侵消的急所

白1肩冲是侵消的急所。此时，白1亦称侵消。

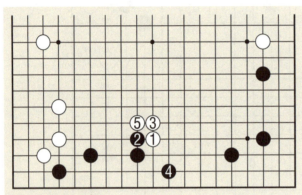

图2 妥善处理

图2 妥善处理

白1时，黑2长，其后黑4飞占取实地，白5曲后，白棋可以妥善处理。

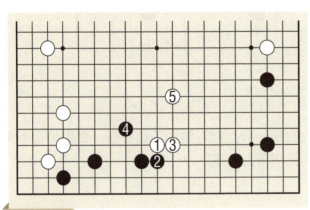

图3 变化

图3 变化

白1时，黑2与白3交换后，黑4飞可以成立，此时白5整形，白棋充分。

问题图 7 ▶▶

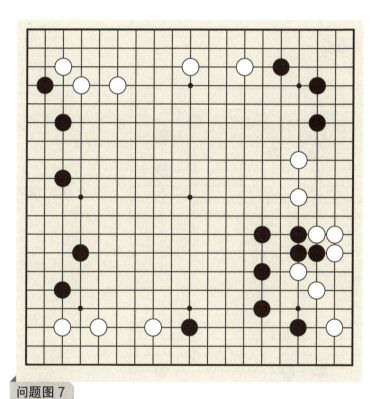

问题图 7

黑先。角和边都已被双方分割完毕，现在双方的焦点已集中在上边和中腹。请问黑棋应如何破坏白棋模样？

图1 侵消的急所

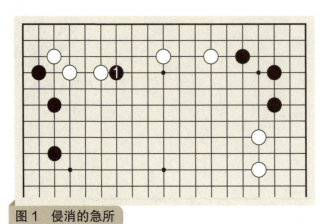

图1 侵消的急所

黑1靠牵制上边白棋是正确的。

图2 黑棋轻松

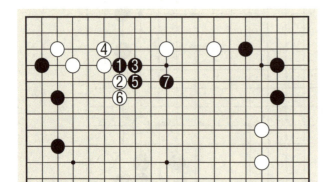

黑1靠，白2扳，白4下立，其后黑5先手与白6交换，黑7单跳，黑棋可以轻松处理。

图3 变化

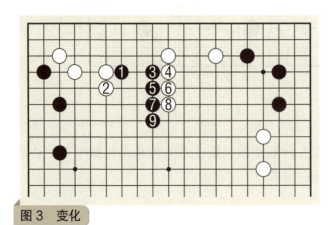

图3 变化

黑1时，白2如果长，黑3则是常用的手法，其后白4长，以下至黑9，黑棋向中腹挺出。

问题图 8

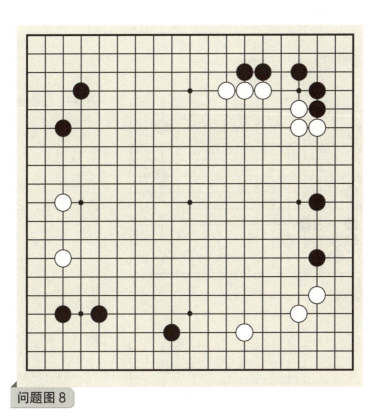

问题图 8

白先。黑棋以左下的缩角为后援超大飞。请问白棋如何利用黑棋的弱点来打入？

图1 打入的急所

1位或A位是打入的急所。

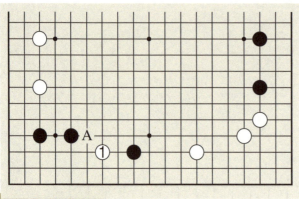

图1 打入的急所

图2 白棋充分

白1时,黑2如果攻击,白3点,以下至白13,白棋先手占取实地,白棋充分。

图2 白棋充分

图3 变化

白1时,黑2如果接,白3以下至黑12,白棋仍可先手安定。

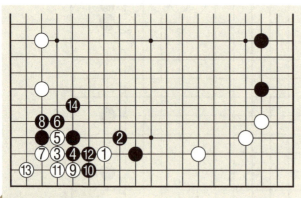

图3 变化

问题图 9 ▶▶

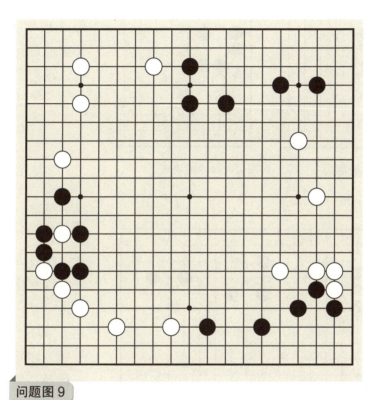

问题图 9

黑先。左边的黑棋已非常厚，黑棋欲以此为后援打入左上白角。请问黑棋应如何打入？

图1 打入的急所

黑1是打入的急所。

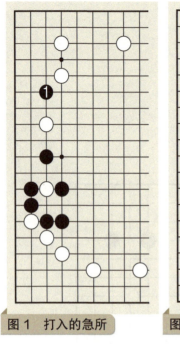

图1 打入的急所

图2 普通的下法

黑1打入，白2挡是普通下法，其后黑3顶，至黑5是预想的进行，黑棋的打入取得了成功。

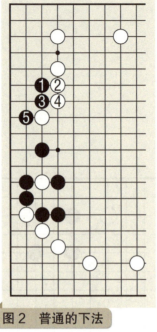

图2 普通的下法

图3 变化

黑1时，有白2挡的变化，此时黑3先手与白4交换后，黑5、7扳接是要领，以下至黑9告一段落，黑棋以后还有A位和B位利用的余味。

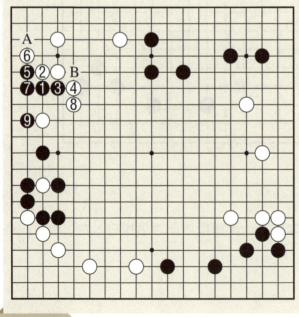

图3 变化

问题图 10 ▶▶

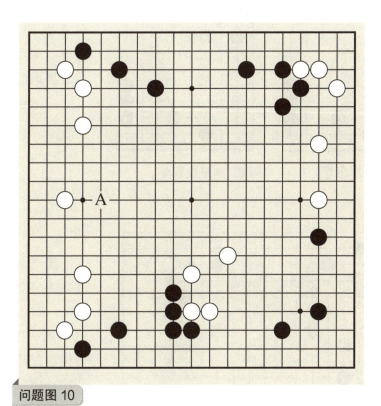

问题图 10

　　黑先。白棋如在 A 位跳，其左边将形成理想的棋形，黑棋当然应该对左边的白势进行限制。那么请问黑棋应如何限制？

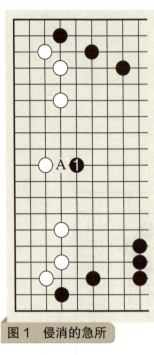

图1 侵消的急所

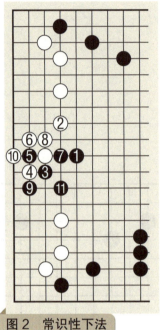

图2 常识性下法

图1 侵消的急所

黑1镇或黑A靠都是侵消的急所。

图2 常识性下法

黑1时，白2在一侧飞，黑3搭，白4扳时，黑5断整形，以下至黑11均是常识性下法。

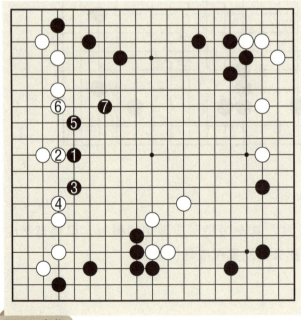

图3 变化

图3 变化

黑1时，白2顶占取实地，此时黑3、5先手利用后，黑7飞是要领，白棋在左边虽可围成实空，但黑棋可以扩张上边和中腹，黑棋充分。

问题图 11 ▶▶

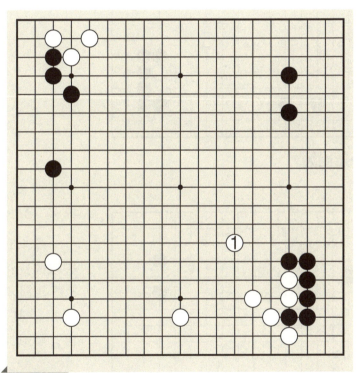

问题图 11

　　黑先。本题从职业棋手的实战中取材。白1大飞扩张下边模样。请问黑棋应如何打入？

图1 实战的打入

黑1是打入的急所,其后白2飞守角,黑3拆一生根,这是实战的着法。

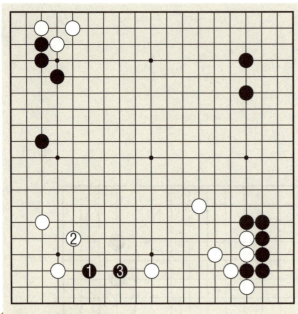

图1 实战的打入

图2 变化

黑1时,有白2夹攻的变化。此时黑3是要领,黑5先手利用,其后黑7跳出,黑形具有弹性。

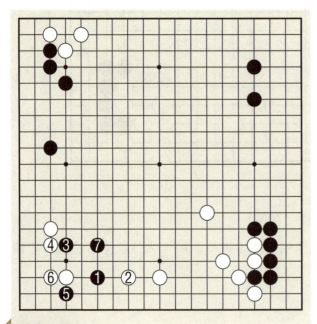

图2 变化

问题图 12 ▶▶

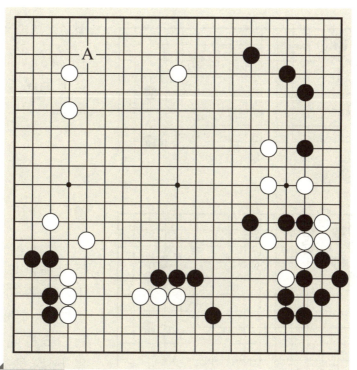

问题图 12

　　黑先。本图是职业棋手的实战图。如何侵消左上角的白阵是焦点,黑棋必须在白 A 补棋之前打入。那么请问黑棋应如何侵消?

图1 侵消的急所

黑1托是侵消的急所。

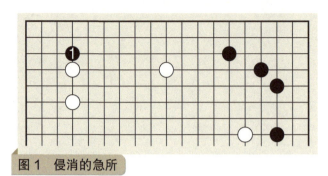

图1 侵消的急所

图2 实战进行

黑1时，白2扳，以下至黑7是实战的着法。

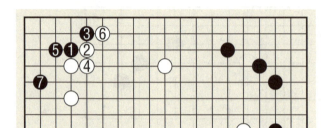

图2 实战进行

图3 变化

黑1扳时，白2打吃后，白4长是强手，但黑5断是手筋，黑棋可以轻松处理。其后白6打吃，以下至黑19均是预想的进行，黑棋的侵消取得了成功。

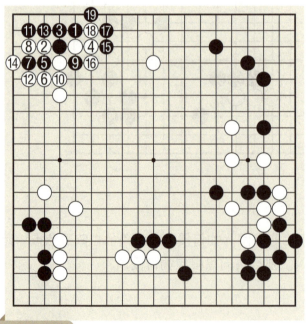

图3 变化

问题图 13 ▶▶

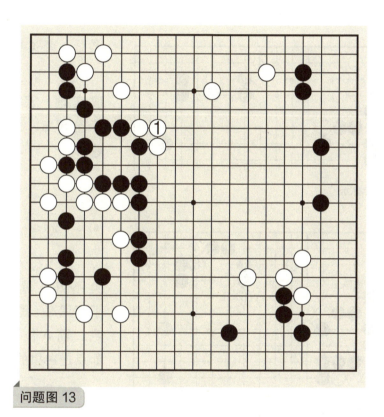

问题图 13

黑先。本题也是职业棋手的实战。白 1 补断点。请问黑棋如何在上边打入？

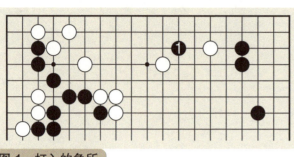

图1 打入的急所

图1 打入的急所

黑1是打入的急所。

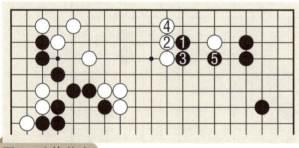

图2 实战着法

图2 实战着法

黑1时，白2挡取实地，黑3长，以下至黑5，是实战的着法。

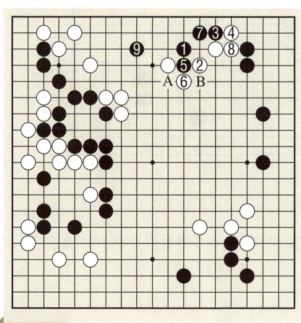

图3 变化

图3 变化

黑1打入时，白2尖不好，黑3托，以下至黑9，黑棋可以安定，而A位和B位的断点是白棋的负担。

问题图 14 ▶▶

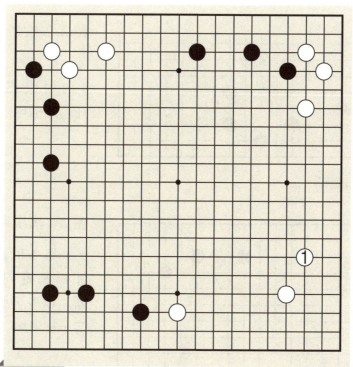

问题图 14

黑先。本图是职业棋手的实战。白1小飞守角，黑棋现欲在右下打入。请问你知道实战中是如何打入的吗？

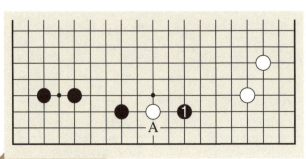

图1 打入的急所

图1 打入的急所

黑1是打入的急所，其后黑A可以渡过。

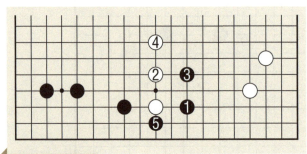

图2 实战进行

图2 实战进行

黑1打入，白2、4向中腹出头，黑5托，黑棋可以联络。

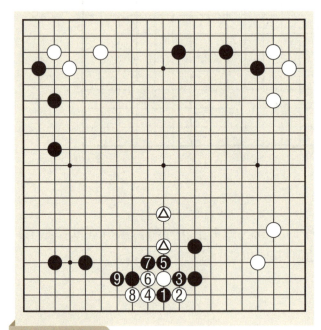

图3 黑棋满足

图3 黑棋满足

黑1时，白2立即扳是疑问手，黑3断，以下至黑9，白△二子被消弱。

问题图 15 ▶

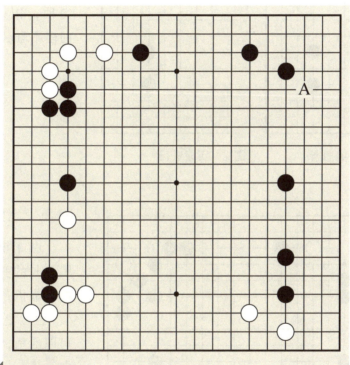

问题图 15

白先。本图是职业棋手的实战。黑棋如能在 A 位补棋，右上角和右边黑阵将很完整，因此白棋必须立即行动。请问白棋应怎样下？

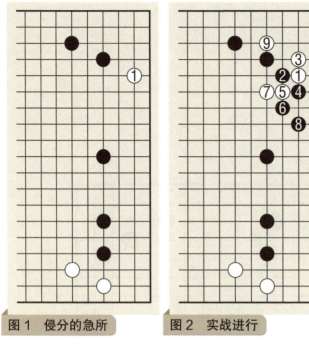

图1 侵分的急所

白1是常用的渗透手段,也是侵分的急所。

图2 实战进行

白1侵分,黑2尖顶,以下至白9,白棋不难获取安定。

图1 侵分的急所　　图2 实战进行

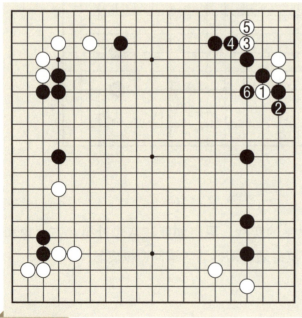

图3 变化

白1断时,有黑2长的变化,此时白3靠仍是手筋,黑4、白5之后,白棋可以活角,黑6打吃白一子。

图3 变化

问题图 16 ▶▶

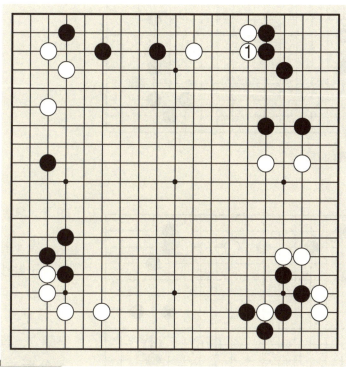

问题图 16

黑先。本图是职业棋手的实战。白 1 安定上边白子，黑棋以后如何下是目前的焦点。实战中黑棋通过打入一举确立了优势。请问黑棋应如何下？

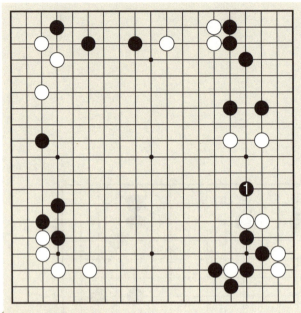

图1 实战的打入

黑1是打入的急所。

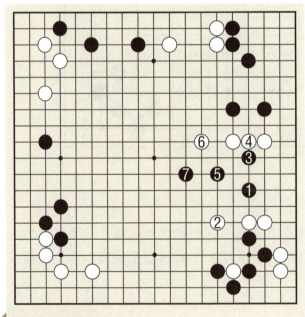

图2 实战进行

黑1打入时,白棋由于缺少有效的攻击手段,只好白2单跳,黑3刺,以下至黑7,黑棋可以上下分断白棋,白棋难受。

问题图 17 ▶▶

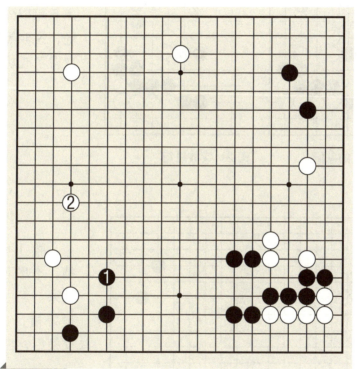

问题图 17

黑先。本图是职业棋手的实战。黑1单跳,白2大飞,其后黑棋应在右边利用白棋的弱点来掌握主动权。请问黑棋应如何打入?

图1 打入的急所

黑1是利用白棋弱点打入的急所。

图2 实战进行

实战中黑1打入时，白2、4补棋，黑5可以先手占取实地，说明黑棋的打入取得了成功。

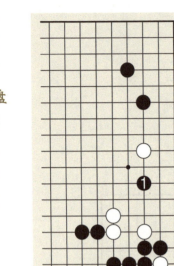

图1 打入的急所

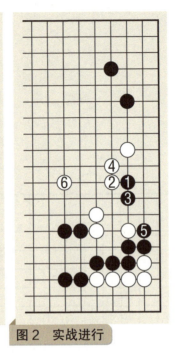

图2 实战进行

图3 变化

黑1时，白2挡，不想下成图2的结果，但由于黑3扳是好棋，白4、黑5交换后，白棋困难。

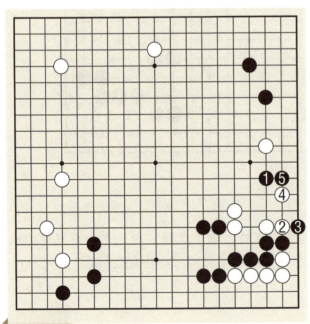

图3 变化

问题图 18

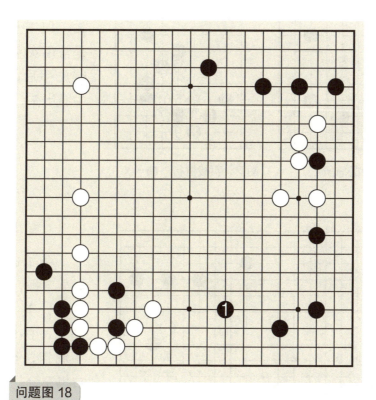

问题图 18

白先。本图同样是职业棋手的实战。黑 1 扩张右下角,白棋可以周边强大的外势为后援,侵消黑阵。那么请问白棋应如何侵消?

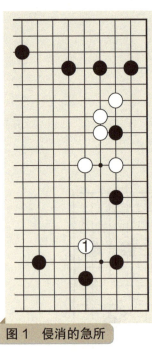

图1 侵消的急所

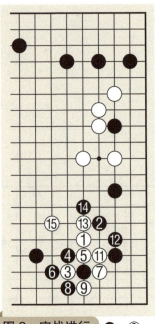

图2 实战进行 ❿=③

图1 侵消的急所

白1是常用的侵消手段。

图2 实战进行

白1侵消时，实战中黑2补棋，白3靠，以下至白11均是常用次序，白棋争得先手后，白15向中腹出头，侵消取得了成功。

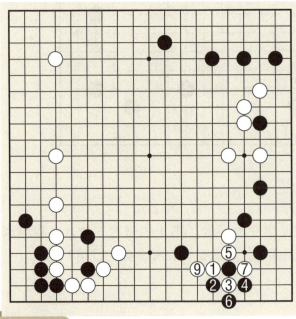

图3 变化 ❽=③

图3 变化

白1时，黑2如果下扳，白3断是手筋，其后黑4、6提子，白5、7则先手利用，至白9长，白棋充分。

问题图 19 ▶▶

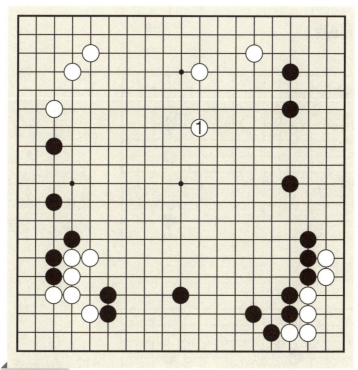

问题图 19

黑先。本图是职业棋手的实战。白1二间跳扩张上边，实战中黑棋马上在上边打入。请问黑棋应如何打入？

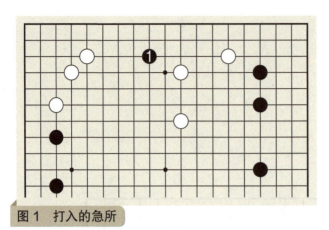

图1 打入的急所

图1 打入的急所

黑1是打入的急所。

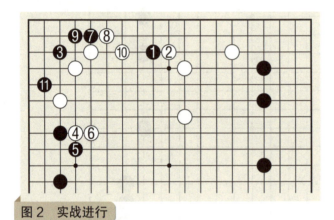

图2 实战进行

图2 实战进行

黑1打入,白2尖顶,黑3点角,以下至黑11均是实战的进行。结果白势理想,黑棋并不好,其原因是黑3下得不好。

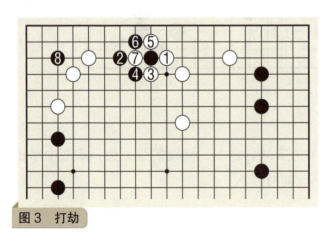

图3 打劫

图3 打劫

白1时,黑2单拆,以下进行至白7,双方下成打劫,其后黑8使用劫材,结果黑棋不坏。

问题图 20 ▶

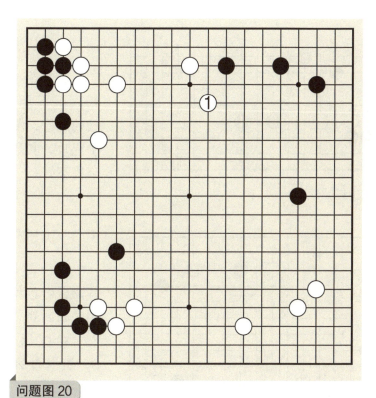

问题图 20

黑先。本图是职业棋手的实战。白1飞扩张上边，黑棋的下一手棋是关键。实战中黑棋是在下边侵消。请问黑棋应该如何侵消？

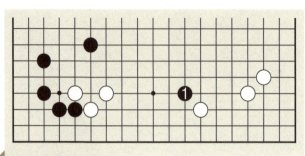

图1 侵消的急所

图1 侵消的急所

黑1肩冲,是侵消的急所。

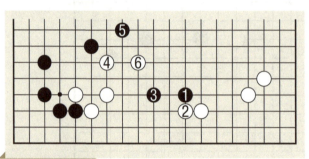

图2 实战进行

图2 实战进行

黑1肩冲,白2长,以下至白6是实战的进行,侵消的黑二子受攻,其原因是黑5下得不好。

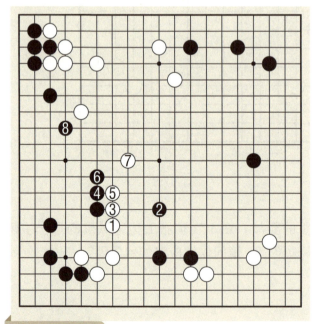

图3 黑棋充分

图3 黑棋充分

白1时,黑2二间跳很好,其后白棋为避免被封锁,白3、5、7向中腹出头,至黑8,黑棋自然围地,黑棋充分。

问题图 21

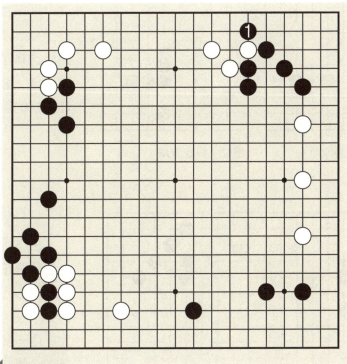

问题图 21

白先。本图是职业棋手的实战。黑1打吃,白下一手棋应该打入右下。请问白棋应如何打入?

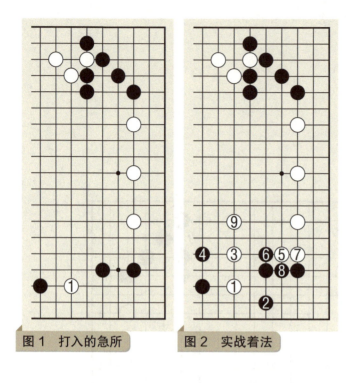

图1 打入的急所

由于周边的白棋较强,因此白1可强行打入。

图2 实战着法

白1打入时,实战中黑棋由于对这个白子缺少攻击手段,因而选择了黑2单跳的下法,以下至白9是实战的着法。

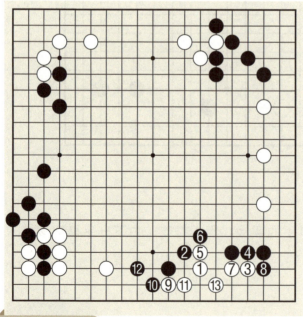

图3 白棋满足

白1时,黑2尖是最强下法,但白3点,以下至白13安定,黑棋收获不大。由于周边白棋的存在,黑棋的外势没什么威力。

问题图 22 ▶

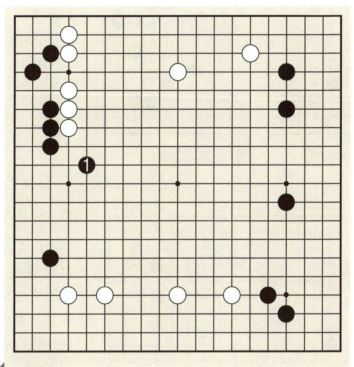

问题图 22

白先。本图是职业棋手的实战。黑 1 飞时，实战中白棋在右边打入，那么请问白棋应如何打入？

图1 打入的急所

白1与黑2交换后，白3是正确的下法。

图2 实战着法

续图1，黑1、3先交换，白4托，以下至白14，是实战的着法。

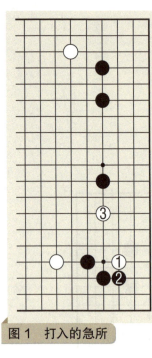

图1 打入的急所　　图2 实战着法

图3 普遍的下法

白1、黑2后，白棋将在A位的展开改成白3拆是普遍下法，其后黑4立、白5跳均是常识。

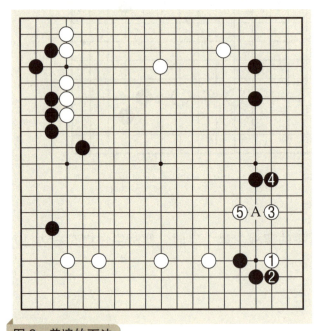

图3 普遍的下法

问题图 23 ▶

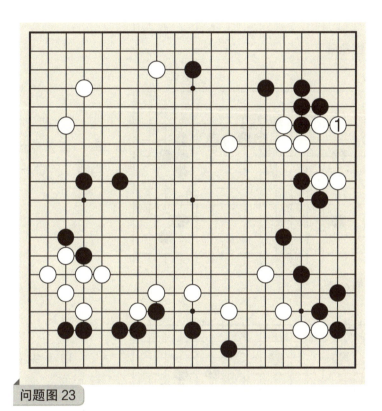

问题图 23

　　黑先。本图是职业棋手的实战。白1下立确保根地,双方在右边的交战暂告结束。现在的焦点是黑棋如何打入白左上角?

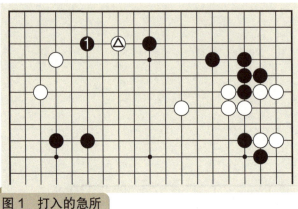

图1 打入的急所

黑1打入是急所，并且还可攻击白△一子。

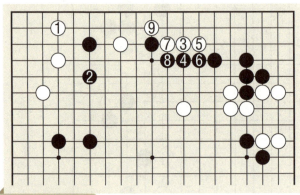

图2 实战着法

续图1，白1补角，黑2单跳，以下至白9，是实战的着法。

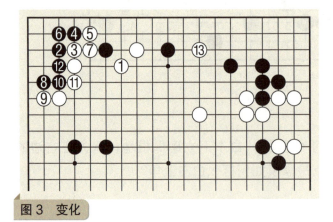

图3 变化

白1尖的下法也有可能，其后黑2点三三，以下至黑12，均是定式化的进行。白13打入黑棋。

问题图 24

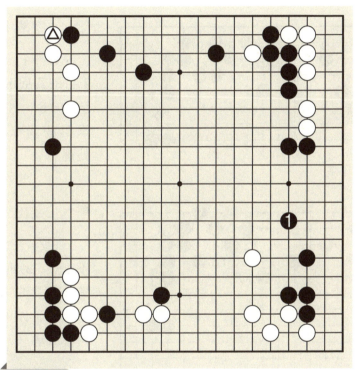

问题图 24

白先。本图是职业棋手的实战。黑1飞,其后白棋以白△子为后援打入上边。请问白棋应如何下?

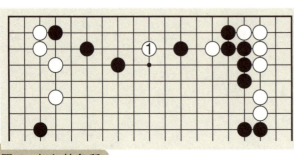

图1 打入的急所

图1 打入的急所

白1是打入的急所,其后白棋有很多味道。

图2 实战下法

图2 实战下法

白1打入时,黑2封是实战下法。以下至白15,白棋可利用黑棋的弱点进行有效处理。

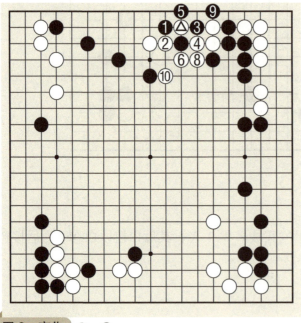

图3 变化 ❼=△

图3 变化

白△托时,黑1扳不好,此时白2断,黑3打,白4、6打吃是次序,以下至白10,白棋厚势。

问题图 25 ▶

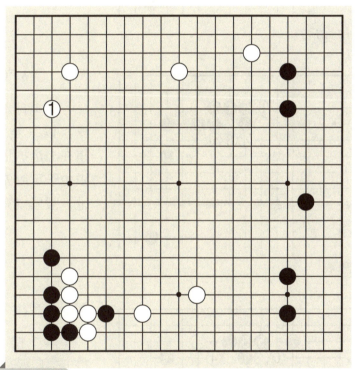

问题图 25

黑先。白1小飞守角,双方现在即将进入中盘,黑棋想利用打入来打开局面。请问黑棋的下一手棋应下在什么地方?

图1 打入的急所

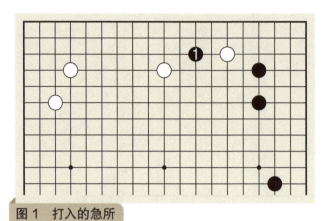

图1 打入的急所

黑1是打入的急所,这一位置不仅是中盘而且也是布局阶段经常下的。

图2 实战下法

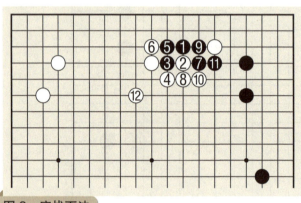

黑1打入时,白2压,以下至白12,白棋在上边扩张外势,黑棋由于可以先手获取实地,故黑棋充分。

图3 变化

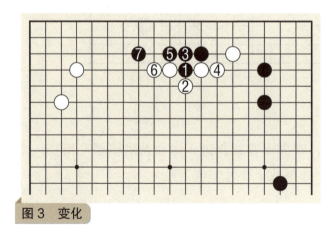

图3 变化

黑1挖时,白2打吃不好,黑3接,以下至黑7,黑棋得以安定,而白阵却被破坏。

问题图 26 ▶

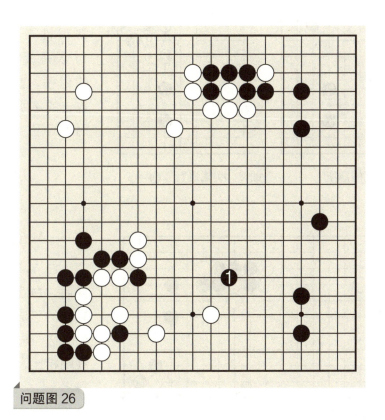

问题图 26

白先。本图是职业棋手的实战。黑1扩张时，白棋应在右边牵制黑势。请问白棋实战中是如何下的？

图1 侵消的急所

白1镇是侵消的急所。

图2 实战进行

白1镇，黑2飞，以下至黑10是常识性下法，但白11长是受棋形束缚的俗手，黑12才是攻击的急所，白棋以后不好下。

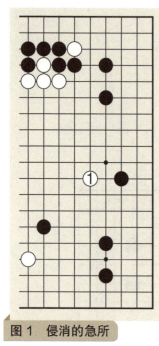

图1 侵消的急所

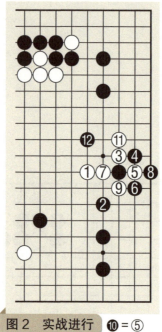

图2 实战进行　⑩=⑤

图3 轻快

白1与黑2交换后，白3二间跳是轻快的下法，其后黑4打吃，与图2的实战图相比，白棋舒服得多。

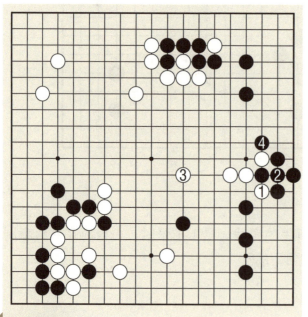

图3 轻快

问题图 27 ▶▶

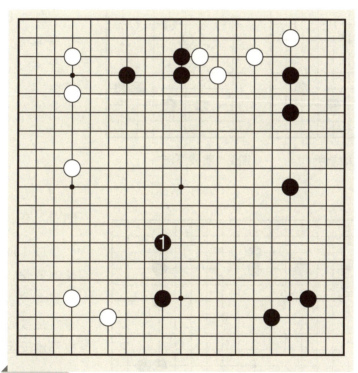

问题图 27

白先。黑1二间跳扩张，实战中白棋的对策是在右边打入。请问白棋应如何打入？

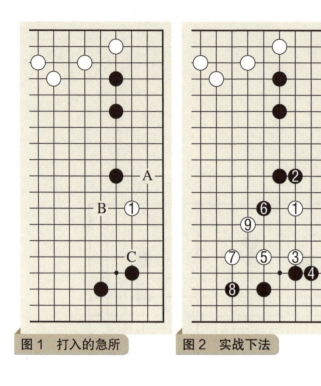

图1 打入的急所

白1打入是急所，其后白棋有A位、B位和C位的手段。

图2 实战下法

白1时，黑2立是实战下法，以下至白9，白棋形轻快。

图1 打入的急所　　图2 实战下法

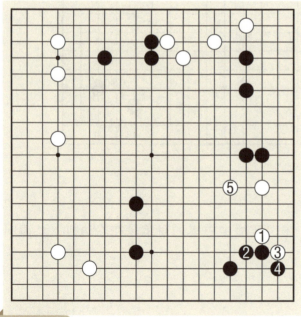

图3 变化

白1时，有黑2长的变化，白3先手与黑4交换后，白5单跳是要领，其后白棋不难安定。

图3 变化

问题图 28

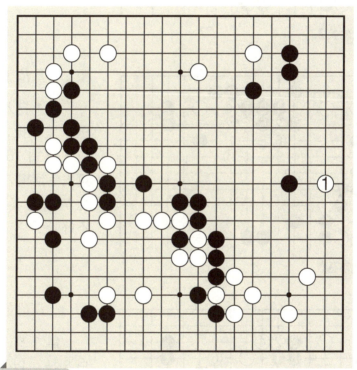

问题图 28

黑先。本图是职业棋手的实战。白1低空飞行，现在是黑棋以中腹强大的外势为后援，在上边打入白阵的绝好机会。请问实战中黑棋是如何下的？

图1 实战的打入

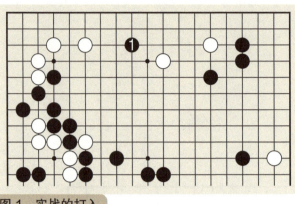

图1 实战的打入

黑1打入是实战下法，但这一下法未充分考虑到周边棋子的配置。

图2 实战下法

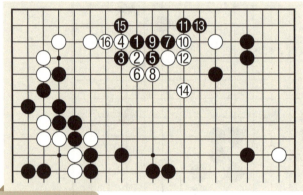

图2 实战下法

黑1打入时，白2压，黑3扳，白4断，以下至白16，黑棋虽可先手活棋，但中腹黑外势大为萎缩，黑棋不好。

图3 正确的打入

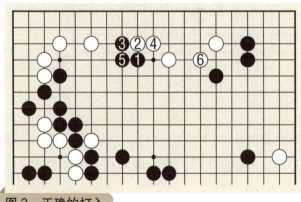

图3 正确的打入

黑1打入很好，白2托，以下至白6，黑棋让白棋后手做活，中腹的黑棋仍然很厚。

问题图 29 ▶▶

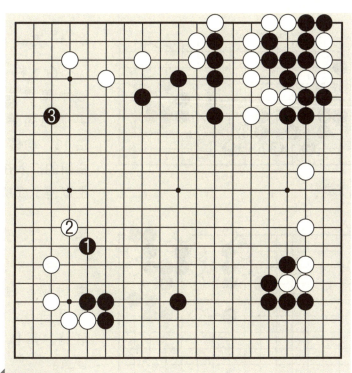

问题图 29

白先。黑1扩张下边,白2时,黑3挂左上角。白棋如何利用黑棋的弱点在下边打入?

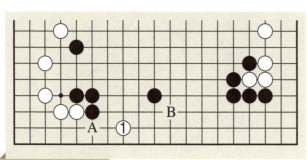

图1 打入的急所

图1 打入的急所

白1打入是急所，其后白棋在A位和B位中必居其一。

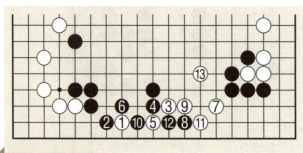

图2 实战下法

图2 实战下法

白1打入时，实战中黑棋选择了黑2尖顶的强手，以下至白13，均是实战下法，白棋的打入在一定程度上取得了成功。

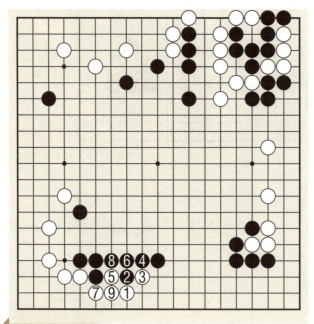

图3 白棋充分

图3 白棋充分

白1时，黑2如果封锁，白3扳，以下至白9，白棋成功联络，黑棋没有占到便宜。

问题图 30 ▶

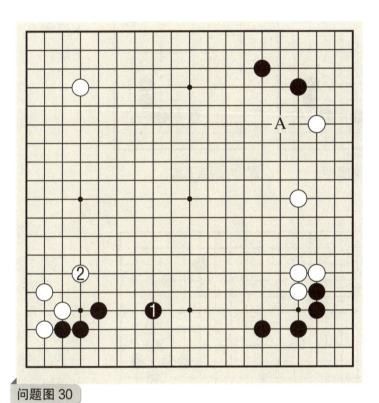

问题图 30

黑先。本图是职业棋手的实战。黑1展开，白2飞补，之后黑棋应在白棋在A位跳补之前打入右边白阵。请问黑棋应如何打入？

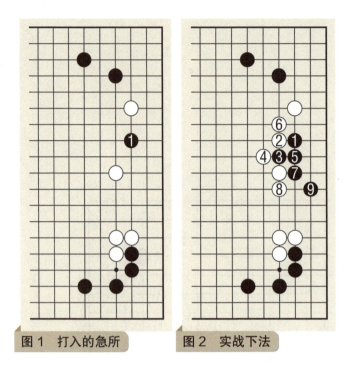

图1 打入的急所

黑1是打入的急所。

图2 实战下法

黑1打入时,白2压,黑3挖,以下至黑9,是实战的下法。

图1 打入的急所　　图2 实战下法

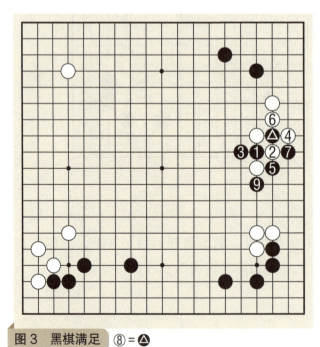

图3 黑棋满足

黑1挖时,白2、4打吃黑一子是恶手,黑5、7先手利用后,黑9征吃白一子,下侧的白三子也受到攻击。

图3 黑棋满足　⑧=△